# *Die Mysterien-schulen*

Großes Relief von Eleusis:
Demeter, Triptolemos und Persephone

5. Jahrhundert v. Chr.

# Die Mysterienschulen

Grace F. Knoche

THEOSOPHISCHER VERLAG GMBH
THEOSOPHICAL UNIVERSITY PRESS
PASADENA, KALIFORNIEN

THEOSOPHISCHER VERLAG GMBH
THEOSOPHICAL UNIVERSITY PRESS
PASADENA, KALIFORNIEN

Originalausgabe: Theosophical University Press, 1940
Zweite, überarbeitete Ausgabe: Theosophical University Press, 1999



www.theosophischer-verlag.de

ISBN 3-930623-78-1

# Inhalt

# Vorwort

Eine Mysterienschule ist eine Universität der Seele, eine Schule zum Studium der Mysterien der inneren Natur des Menschen und der umgebenden Natur. Wenn der Schüler diese Mysterien versteht, erkennt er seine innige Beziehung mit dem Göttlichen und strebt danach, durch Selbstdisziplin und Hingabe mit seinem inneren Gott eins zu werden.

Dieses Buch versucht, bestimmte fundamentale Züge der Lehre vorzustellen, die hoffentlich ein mehr oder weniger klares Bild davon geben werden, was eine Mysterienschule wirklich ist. Ein vollständiges und spezifisches Wissen um die Mysterienschulen – wo sie sich befanden, wo sie heute tätig sind, was ihre Hauptmerkmale sind – wurde nicht veröffentlicht. Moderne Historiker der griechischen Mysterienzentren wundern sich beispielsweise darüber, wie gut die den Kandidaten auferlegte Regel der Geheimhaltung befolgt wurde. Das betrifft nicht die öffentlichen Aspekte, wie die 14 Meilen lange Prozession entlang der Heiligen Straße von Athen nach Eleusis, an der Männer, Frauen und Kinder teilnahmen. Aber „die Riten der Großen Mysterien … die wahren Geheimnisse der

*Teletai* [der eigentlichen Einweihung] und die *Epopteia* [die erlangte Vision] wurden niemals preisgegeben.“ [1]

Der Schüler kann dennoch eine reiche Fülle von Informationen finden – hier und dort in der Literatur der Vergangenheit verstreut – und sich ein umfassendes Bild von den Festspielen der Mysterienschulen machen, ein Bild, das nur dann zu einer Erfahrungs-Wirklichkeit wird, wenn er durch eine viele Leben anhaltende Hingabe, durch Studium und die Ausübung der alten Weisheit innerlich vorbereitet wird.

Was vom Schüler durch ernsthaftes Studium entdeckt werden kann, ist mit unserem Wissen über das Atom vergleichbar. Wer hat zum Beispiel jemals das *wirkliche* Atom gesehen? Welches Miskroskop ist in das Geheimnis seiner Existenz vorgedrungen? Und doch wissen wir heute mehr über das Atom mit seinen Elektronen, als über Jahrhunderte hinweg enthüllt worden war. Obwohl für die Linse wie auch für das Auge unsichtbar, haben Wissenschaftler seine *Leuchtspur* entdeckt, seinen ‘Lichtweg’; durch emsiges und gewissenhaftes Arbeiten haben sie diesen Lichtweg studiert, bis durch Schlussfolgerung und Beweis die Struktur des Atoms und seiner Komponenten, sein beinahe spiritueller Ursprung, enthüllt wurde.

---

*1* Mircea Eliade, *A History of Religious Ideas* I:294.

So ist es mit den Mysterien: Wenn wir die Aufzeichnungen der Geschichte betrachten und weiter in den Nebel der nicht aufgezeichneten Zeit hineinschauen, so können wir die Schulen selbst nicht erkennen, aber durch Studium und Hingabe können wir ihre Leuchtspur, den Weg ihres Lichtes, erahnen. Auf Grund von Schlussfolgerung und spirituellem Zeugnis können wir das Leuchten der Lichtträger verfolgen, wie sie von Zeitalter zu Zeitalter weiterschritten und dabei die großen Religionen und Philosophien der Menschenrasse einleiteten. Manche dieser Lichter strahlen mit ungeheurem Glanz, andere mit geringerer Stärke, während wieder andere nur unbeständige Schimmer halbverstandener Wahrheit sind.

Der Physiker kann das physische Atom nicht zeigen, und doch weiß er, dass es als Basis, als Grundlage aller Materie existiert; der Schüler der Theosophie kann den Menschen keine Mysterienschule zeigen, und doch weiß er, dass sie als Herz oder atomares Zentrum des spirituellen und intellektuellen Lebens des Planeten existiert. Wer könnte also wagen zu behaupten, dass die Mysterien, diese mächtigen Atome der Esoterik, nicht existieren, wenn die Leuchtspuren der spirituellen Kraft überall auf der Welt verstreut erkannt werden? Wenn unsere physischen Körper in unsichtbarem, feurigem Leben wurzeln, warum sollten dann nicht auch unsere menschlichen spirituellen, intellektuellen und moralischen Körper ihren Ursprung in dem spirituellen und intellektuellen Feuernebel des Planeten haben?

Heute steht uns keine ununterbrochene Geschichte eines okkulten Netzwerks zur Verfügung, da solche Aufzeichnungen die Belohnung für angenommene Schüler sind. Mit der kraftvollen Linse der alten Weisheit können wir aber dennoch den Weg des Lichts studieren, das die Jahrhunderte hindurch jeder der Lichtträger erstrahlen ließ; wir können die Atmosphäre der alten Tempel wieder einfangen; wir können den Zweck der Schulen, ihre Lehrmethoden wahrnehmen; und nicht zuletzt können wir etwas über die strenge Schulung lernen, die den Kandidaten auferlegt war, welche die Initiation in das Wissen über ihren geheimen Ursprung und ihr noch geheimeres Schicksal suchten.

Die Schuld der Autorin gegenüber der Theosophie, wie sie von H. P. Blavatsky dargeboten wurde, ist unermesslich. Man kann nur hoffen, dass die vorliegende Studie jene, denen ihre Schriften neu sind, dazu ermutigen wird, tief aus den Quellen ihres Ursprungs zu trinken.

– G. F. K.

*Pasadena, Kalifornien*
*2. Oktober 1999*

# DIE MYSTERIENSCHULEN

Suche diese Weisheit durch Dienen, durch eindringliches Forschen, durch Fragen und durch Ergebenheit; die Weisen, welche die Wahrheit sehen, werden sie dir bekannt geben, und sie erkennend, wirst du niemals wieder in Irrtum verfallen. … Es gibt keinen Reiniger auf dieser Welt, der mit spirituellem Wissen vergleichbar ist; und wer in Hingabe vollkommen ist, findet, wie im Laufe der Zeit spirituelle Erkenntnis spontan in ihm selbst entspringt.

– *Bhagavad-Gītā, 4:34-5, 38*

# Kapitel 1

## Die Gründung der Bruderschaft

VOR ABERMILLIONEN VON JAHREN in der Dunkelheit der Vorgeschichte befand sich die Menschheit im Säuglingsalter, sie war ein Kind von Mutter Natur – unerwacht, traumähnlich, in einen Mantel mentaler Schlaftrunkenheit gehüllt. Die Erkenntnis der Egoität ruhte noch; allein instinktives Bewusstsein war aktiv. Einem Strom von Glanz am Horizont der Zeit gleich, stiegen göttliche Wesen, Mānasaputras, Söhne des Denkens, zu den schlafenden Menschen herab; und mit der Flamme des intellektuellen solaren Feuers entfachten sie den Docht des latenten Denkvermögens. Und siehe – der Denker regte sich. Das Selbstbewusstsein erwachte, und der Mensch wurde zu einem Dynamo intellektueller und emotionaler Kraft: fähig zu Liebe, zu Hass, zu Ruhm oder Niederlage. Mit dem Wissen erlangte er Macht; mit dem Erlangen von Macht wählte er; durch die Wahl gestaltete er das Gewebe seiner Zukunft; und diese Wahrnehmung floss wie Wein durch seine Adern.

Wissen, mehr Wissen und noch größeres Wissen benötigten die wachsenden Menschen, die voller Dankbarkeit zu den gottgleichen Wesen aufschauten, die zu ihrer Erweckung gekommen waren. Viele Jahrtausende lang folgten sie ihrer Führung, so wie Kinder liebevoll den Fußstapfen ihrer Mutter folgen.

Während die Zeitalter dahinrollten, folgte ein Strom göttlicher Lehrer diesen ersten Mānasaputras und überwachte persönlich den Fortschritt der kindlichen Menschheit: Sie initiierten sie in den Künsten und Wissenschaften, lehrten sie, ihre Felder mit Mais und Weizen zu bestellen, unterrichteten sie darin, ein reines und moralisches Leben zu führen – kurzgesagt, sie errichteten die ersten Schulen für Übung und Unterweisung, die allen frei zugänglich waren, um materielle, intellektuelle und spirituelle Dinge zu erlernen. In dieser frühen Periode gab es keine Mysterienschulen: Die Alte Weisheit war das gemeinsame Erbe der gesamten Menschheit, denn bisher hatte es keinen Missbrauch des Wissens gegeben und daher keine Notwendigkeit dafür, Schulen vor der Welt verborgen und geheim zu halten. In jenem 'Goldenen Zeitalter' wurde die Wahrheit offen gegeben und ebenso offen angenommen (siehe H. P. Blavatsky, *Collected Writings*, 14 : 248-9).

Die Rasse war jung; nicht alle waren lernfähig. Einige lernten auf Grund früherer Erfahrungen in vorangegangenen Weltperioden rasch und mit Leichtigkeit, sie wählten intuitiv den Pfad spiritueller Verstandestätigkeit;

andere, weniger erwacht, waren gut, obgleich ihr Fortschritt unstet war; eine dritte Klasse von Menschen wiederum, betäubt durch Trägheit, empfand Lernen und Streben als eine Last und wurde zu Nachzüglern des evolutionären Fortschritts. Sie bevorzugten die spirituelle Apathie gegenüber der spirituellen Anstrengung.

Die Menschheit machte insgesamt rasche Fortschritte im Erwerb neuen Wissens und bei dessen Anwendung. Einige bewirkten offensichtlich Böses, andere Gutes. Was latente Spiritualität gewesen war, wurde jetzt zu aktivem Guten und aktivem Bösen. Leid und Schmerz wurden die mitleidsvollsten Methoden der Natur, um das Herz zu seiner ursprünglichen Begabung zurückzuführen – zu der der spirituellen Wahl. Als das Denkvermögen noch ausgeprägtere Fähigkeiten entwickelte und der Kampf um die mentale Überlegenheit das Spirituelle besiegte, wurde die Gabe des Intellekts zu einer zweischneidigen Waffe: auf der einen Seite zum Übermittler nie erträumter spiritueller Bewusstheit und intellektueller Ekstase; auf der anderen zum Handlanger einer Waffe der Zerstörung, des Schreckens und in den schlimmsten Fällen von absichtlicher spiritueller Schlechtigkeit – Diabolismus. H.P.Blavatsky schrieb:

> Die Mysterien von Himmel und Erde, die der dritten Rasse in den Tagen ihrer Reinheit durch ihre himmlischen Lehrer geoffenbart worden waren, wurden zu einem großen

Brennpunkt des Lichts, dessen Strahlen notwendigerweise schwächer wurden, als sie zerstreut und auf einen nicht geeigneten, allzu materiellen Boden ausgegossen wurden. Bei den Massen entarteten sie zu Zauberei, die späterhin die Gestalt von exoterischen Religionen annahm, von Götzendienst voller Aberglauben, … .

– *The Secret Doctrine*, 2 : 281

Die Natur ist durch und durch zyklisch: zu einer Zeit für spirituelle Dinge fruchtbar, zu einer anderen unfruchtbar. In jener weit zurückliegenden Periode der dritten Wurzelrasse, auf dem großen, jetzt versunkenen Kontinent Lemurien[1], stand der Zyklus dem spirituellen Fortschritt entgegen. Eine große Abwärtsbewegung fand statt, welche die Ausdehnung physischer und materieller Energien beschleunigte – einhergehend mit der sich daraus ergebenden Verlangsamung und Kontraktion der spirituellen Kraft. Die Menschheiten jener Periode waren ein Teil der allgemeinen evolutionären Strömung und die Individuen reagierten ihrer Natur entsprechend auf die gröber werdende Atmosphäre. Einige widerstanden diesem abwärts gerich-

---

*1* Der Name, den P. L. Sclater um 1850 einer Landmasse gab, von der er auf Grund zoologischer Daten zeigte, dass sie sich von Afrika bis Australien erstreckte (siehe *SD* II:7). Siehe Ignatius Donnelly, *Atlantis: The Antediluvian World*, S. 32; und Alfred Russel Wallace, *The Geographical Distribution of Animals*, Teil 1, Kap. 4, S. 76-7.

teten Einfluss durch erweckte Spiritualität. Andere, schwächer in ihrem Verständnis, schwankten zwischen Geist und Materie, zwischen Gut und Böse: Einmal lauschten sie den Einflüsterungen der Intuition, ein anderes Mal unterlagen sie den brausenden Wellen des abwärts gerichteten Stroms. Wieder andere, in denen der Funke des intellektuellen Glanzes schwach brannte, tauchten kopfüber stromabwärts ein, sich der aufgewühlten und schlammigen Wasser nicht bewusst.

Mit dem Voranschreiten des abwärts gerichteten Zyklus wurde das Wissen um spirituelle Wahrheiten und eine spirituelle Lebensführung in Einklang damit in den Herzen und im Denken der Menschen zu einem stumpfen und nutzlosen Werkzeug. Diese Torheit war im Lauf der kosmischen Evolution unvermeidlich, und deshalb war für alles vorgesorgt. Genauso wie es viele Arten von Menschen gibt – manche spirituell, andere materiell, einige hoch intelligent, andere langsam im Denken –, so gibt es überall im Universum verschiedene Abstufungen von Wesen, die sich vom Mineral- durch das Pflanzen-, Tier- und Menschenreich und darüber hinaus bis zur Spitze und dem Hierarchen unserer Erde erstrecken.

Während dieser ersten Jahrtausende hatte das spirituelle Haupt und der Beschützer der Erde das individuelle Feuer aktiver Spiritualität stimuliert, wo immer es möglich war. Allmählich – als das Wissen um göttliche Dinge von jenen missbraucht wurde, die einen starken Willen besaßen, aber moralisch schwach waren – wurde die Wahrheit immer stärker verschleiert. Der Planeten-Wächter verspürte nun die Notwendigkeit, eine Gruppe von Mitarbeitern auszuwählen, um als Leibwache und Beschützer der alten Weisheit zu dienen. Nur eine Handvoll spirituell erleuchteter Menschen, in denen die göttliche Flamme hell brannte, bekannten mit ganzem Herzen ihre Treue gegenüber dem Planeten-Lehrer – dem Spirituellen Hierarchen der Menschheit. Lange Zeitalter hindurch waren bestimmte Individuen bei unzähligen Gelegenheiten beobachtet, geführt, gestärkt und geprüft worden; und jene, welche die Prüfung der Selbsterkenntnis und des Selbstopfers bestanden, wurden versammelt, um die erste Vereinigung oder Schule spiritueller Menschen zu bilden – die Große Bruderschaft. G. de Purucker beschreibt sie folgendermaßen:

> Damals wurde die Versammlung der höchsten von der Menschheit bis dahin manifestierten Repräsentanten – spirituell und intellektuell gesprochen – gebildet oder gegründet oder in Tätigkeit versetzt; … .
>
> … der Stille Wächter des Globus war auf Grund spirituell-magnetischer Anziehung von Gleichem zu Gleichem in der Lage, schon von den frühesten Zeiten der Dritten Wurzelrasse an bestimmte außergewöhnliche Menschen – erste Vorläufer des großen manasaputrischen 'Abstiegs' – zum Pfad des Lichts hinzuziehen und so mit diesen Individuen einen Brennpunkt von spirituellem und intel-

lektuellem Licht auf Erden zu bilden; diese Tatsache bezeichnet nicht so sehr eine Vereinigung, Gesellschaft oder Bruderschaft, sondern vielmehr eine Einheit von menschlichen spirituellen und intellektuellen Flammen, die damals das Herz der Hierarchie des Mitleids auf Erden repräsentierten. …

Nun war es gerade dieser ursprüngliche Brennpunkt der lebendigen Flamme, der niemals entartete oder seinen hohen Status als das mystische Zentrum der Erde verlor, der den überirdischen Glanz der Hierarchie des Mitleids ausstrahlte und der heute durch die Große Bruderschaft der Mahatmas repräsentiert wird. … So geht die Große Bruderschaft auf eine ungestörte und ununterbrochene Ahnenreihe zurück, bis hin zum ursprünglichen Brennpunkt des Lichts der dritten Wurzelrasse.

– *The Esoteric Tradition*, 2:1048-9, Fußn.

Daher bleiben die Älteren Brüder der Rasse „die erwählten Hüter der Mysterien, welche der Menschheit von den göttlichen Lehrern offenbart wurden … und die Tradition flüstert uns zu, was die geheimen Lehren bestätigen, nämlich dass diese Erwählten der Keim einer Hierarchie waren, *die seit jener Zeit niemals gestorben ist* (*SD*, 2:281) – seit der Gründung und Errichtung der Großen Bruderschaft vor ungefähr 12 Millionen Jahren. Aus diesem Zentrum strömen seit Millionen von Jahren in ununterbrochener Folge Strahlen des Lichts und der Stärke in die Welt als Ganzes und im Besonderen in die Herzen jener, deren Leben dem Dienst an der Wahrheit gewidmet ist. Aus dieser Bruderschaft sind Boten, Meister der Weisheit, hervorgekommen, um die großen Religionen der Vergangenheit zu inspirieren; und sie werden weiterhin ihre Gesandten aussenden, solange die Menschheit ihrer Fürsorge bedarf.

# Kapitel 2

## Die ersten Mysterienschulen

Die Zeit schritt voran und die Rasse wurde immer stärker. Als Lemurien Atlantis hervorbrachte – die dritte Wurzelrasse die vierte –, wurde die grausamste Schlacht ausgetragen: der Krieg zwischen den Herren des Lichts und der Wahrheit und den Herren der Dunkelheit und Unwissenheit.

Weder der erwachende Intellekt noch der Besitz von psychischer und physischer Macht kann moralische Stärke garantieren. Am Höhepunkt ihrer Entwicklung waren die Atlantier eine Zivilisation mit großartigem Intellekt, motiviert durch psycho-physische Kraft, aber im Wesentlichen nicht durch moralische Widerstandskraft gezügelt. Magie – eine natürliche Begabung der Lemurier – wurde in den Händen dieser Riesen zu materieller Magie, zu psychischer Magie, und die Rasse versank in einer Orgie von Zauberei, deren Auswirkungen wir sogar noch heute in Ausbrüchen von Hass und Wahnsinn erfahren.

Nicht alle Atlantier wurden jedoch von ihren eigenen Kräften überwältigt – auf gar keinen Fall. Dennoch wurde ein großer Teil von ihnen zu bösen Zauberern und ihre Spuren verloren sich. Andere – in denen das Licht der Spiritualität 'wie durch dunkles Glas' zu erkennen war – wurden zu unglücklichen Opfern der schmachvollen Wellen unmoralischer Macht, die über das Kontinentalsystem von Atlantis hinwegfegte; in ihrer Verwirrung zogen sie hin und her, folgten falschen Göttern, unwürdigen Leitfiguren. Einige wenige – wahrscheinlich einige Millionen, aber wenige im Verhältnis zu der riesigen Bevölkerung der atlantischen Kontinente – blieben durch und durch stark und rein, moralisch erleuchtet durch spirituellen Kontakt. Diese wurden zu den auserwählten Schülern der Bruderschaft, zu den Stimulatoren von Tugend und Disziplin im Land.

Bis zu diesem Zeitpunkt war kein Ruf nach den Mysterien laut geworden. Wahrheit war das Gemeingut der Menschheit. Mit dem zunehmenden Egoismus

> wurde aus bisher unbekannten Wünschen und Leidenschaften die Selbstsucht geboren, und nur zu oft wurden Wissen und Macht missbraucht, bis es schließlich notwendig wurde, die Zahl derer, *die wussten*, zu begrenzen. So entstand die Initiation.
>
> – „The Origin of the Mysteries", *BCW* 14:249

Um den Fortbestand der Rasse zu gewährleisten, musste etwas getan werden. Die Dinge waren so kritisch geworden, dass die einzige Zuflucht darin bestand, in jeder nationalen Einheit ein spirituelles Zentrum zu errichten, das als Schutz für die dort mitgeteilten Wahrheiten und auch als geheimes Übungszentrum dienen sollte, in dem ernsthafte Sucher ausgebildet und unterwiesen werden und – wenn für würdig erachtet – die Wahrheit aus erster Hand erfahren konnten, das heißt durch Initiation.

Die Bruderschaft hatte bereits im späten Lemurien unsichtbare Linien esoterischer Unterweisung errichtet, in welchen dafür ausreichend empfindsame Menschen geschult, gereinigt und für den Empfang der Wahrheit und deren Schutz gestärkt werden konnten. Diese Bruderschaft leitete deshalb eine systematische Kampagne ein. Schüler, Boten zogen aus und riefen esoterische Schulen ins Leben, Universitäten der Seele, besondere Schulungszentren – für das erwählte Ziel, die für Schulung und Unterweisung in die Mysterien der Natur auserkorensten Menschen darin zu versammeln.

So wurden vor ungefähr vier oder fünf Millionen Jahren, als Atlantis sich durch spirituelle Schandtaten selbst zu zerstören drohte, die ersten Mysterienschulen gegründet. Aus diesen frühen Zentren entsprangen in allen Teilen der atlantischen Welt weitere Mysterienschulen. Als die Atlantier sich auf dem Höhepunkt ihres *materiellen* Glanzes befanden, arbeiteten diese Schulen mit ganzer Kraft, um der einströmenden Flut von Zauberei entgegenzutreten. Viele – wahrscheinlich Millionen – wurden durch die

Errichtung der Mysterien gerettet. Die stärker Erwachten der Rasse suchten dort intuitiv nach Schulung, während der großen Masse der Menschheit durch die indirekte Ausstrahlung der spirituellen Kraft geholfen wurde – obwohl sie auf Grund der unzulänglichen inneren Entwicklung unfähig waren, an den heiligen Riten der Initiation teilzunehmen.

Es gab allerdings auch jene, die vom Bösen gekostet und daran Gefallen gefunden hatten und deren sich verhärtende Herzen sie verleiteten, Unterweisung im Bösen zu erhalten. Gleichzeitig mit der Errichtung der spirituellen Zentren von Licht und Wahrheit wurden so Schulen des Bösen gegründet, deren gelobte Anhänger im Laufe der Zeit zu Adepten der linken Hand wurden. Die Herren des Lichts und der Wahrheit vereinten sich jedoch zu einer ruhigen, unbesiegbaren Kraft um

den schrecklichen und stets wachsenden Schandtaten der Adepten der linken Hand, der Atlantier, zu widerstehen. Das führte zur Gründung noch geheimerer Schulen, Tempel des Lernens und der Mysterien, die für niemanden zugänglich waren, außer nach den härtesten Prüfungen und Bewährungen. ...

... Die Mysterien wurden den Auserwählten jener Rasse übermittelt, als der Durchschnittsatlantier zu tief in Sünde zu fallen begann, um ihm die Geheimnisse der Natur anzuvertrauen.

– *Ebenda*, 14:251, 246

Nun fand der dramatischste Augenblick – ein Augenblick, der Millionen Jahre dauerte – in der gesamten Geschichte dieser Runde statt: der Wendepunkt des Zyklus vom Materiellen zum Geistigen. In der Mitte der vierten Wurzelrasse in dieser vierten Runde sahen die Atlantier Geist und Materie im Gleichgewicht: *In welche Richtung würde sich die Waagschale neigen*? Zu Licht und Geist und der schließlichen Befreiung der Menschheit? Zu Finsternis und Materie und der Versklavung der Menschen? Ein großes Zittern erschütterte die Erde: Würde sich die innewohnende Spiritualität stärker erweisen als die Last des angesammelten Materialismus? Würde die Menschheit die Evolutionsleiter entlang des leuchtenden Bogens emporsteigen oder auf dem absteigenden, schattenhaften Bogen kopfüber in den Abgrund der Materie stürzen? Von den Milliarden von Menschen, deren Herzen gegen die Feder des Geistes gewogen wurde, musste jeder die schicksalshafte Prüfung für sich allein bestehen: zu versagen und in noch größeren Materialismus hinweggefegt zu werden, nicht in der Lage, während des gegenwärtigen großen Weltzyklus mit dem Geist aufzusteigen; oder erfolgreich zu sein und in der allgemeinen Strömung des evolutionären Fortschritts aufzusteigen, bis die selbstbewusste Einheit mit dem Göttlichen wieder gewonnen werden kann.

Der ungefähr eine Million Jahre dauernde Augenblick verging. Zum Glück für die Menschheit – großteils auf Grund der Bemühungen der Mysterienschulen – behielt die Mehrheit ein ausreichendes Empfinden für das Göttliche, um die Waagschale zu ihren Gunsten zu neigen. Eine unbewusste Wahl für Millionen, aber dennoch eine Wahl, vom besseren Teil ihrer Natur getroffen – wie klein die Mehrheit war, werden wir vielleicht niemals erfahren.

## Kapitel 3

### Raison d´être der Mysterien

NATURKATASTROPHE UM NATURKATASTROPHE ereignete sich, und der bleierne Abschaum der vierten Rasse verfiel dem Untergang, überflutet von den Wassern des Himmels und der Erde, als die Länder dem karmischen Gesetz entsprechend überschwemmt wurden. Gemeinsam mit dem Untergang von Atlantis, der sich über mehrere Millionen Jahre erstreckt hatte, waren in anderen Teilen des Globus neue Länder emporgestiegen. Sie wurden im Laufe der Zeit von bestimmten Atlantiern bevölkert, die sich in zwei oder drei großen Migrationswellen dort niederließen (siehe G. de Purucker, *Studies in Occult Philosophy*, S. 16-25).

So brachte die vierte Wurzelrasse die fünfte hervor, deren Wiege die Wüste von Shamo oder Gobi und die umliegenden Hochebenen war – ein Land, dessen heute sandige Wüsten keinen Hinweis auf die einst reiche Pflanzenwelt der Länder geben, wo Wälder und Seen eine

Abfolge der größten der Welt je bekannten Zivilisationen erlebten. Hier wurden während vieler Millionen Jahre, während Atlantis in seinem Todeskampf lag, die Samen der neuen Rasse in den jungfräulichen Boden gesät.

Die Natur ist in ihren Arbeitsweisen gütig. Während ihre Menschenkinder dem Wirken von Karma und zyklischer Wiederverkörperung begegnen und von Angesicht zu Angesicht gegenüber treten müssen, bringt sie ihren Samen dennoch bei der Geburt einer jeden neuen Rasse in jungfräulichen Boden aus, so dass die kindliche Rasse in Reinheit empfangen und in Spiritualität genährt werden kann. Auf diese Weise von Egos bevölkert, die während der Umbrüche des atlantischen Lebens rein und stark geblieben waren und die erneut von halbgöttlichen Wesen unterstützt wurden, welche in ihre Mitte traten, wurde die neue Rasse zu einem Brennpunkt spirituellen Lichts. Wie Meister KH schrieb:

> die *höchsten* Planetengeister, jene, die nicht mehr irren können, ... erscheinen nur beim Ursprung jeder neuen menschlichen Art auf Erden; am Kreuzungspunkt und beim Zusammentreffen der beiden Enden des großen Zyklus. Und sie verweilen bei den Menschen nicht länger als die Zeitspanne, die erforderlich ist, um die ewigen Wahrheiten, die sie lehren, dem plastischen Denkvermögen der neuen Rassen so wirksam einzuprägen, dass sichergestellt ist, dass sie in den folgenden Zeitaltern von den kommenden Generationen nicht verloren oder vollständig

vergessen werden. Die Mission des Planetengeistes ist es nur, den GRUNDTON DER WAHRHEIT anzuschlagen.

– *The Mahatma Letters to A. P. Sinnett*, Brief ix, S. 40-1

Parallel zur Gründung der Mysterienschulen in Atlantis vor etwa vier oder fünf Millionen Jahren trat die fünfte oder arische Rasse[1] langsam ins Dasein, gewaltig unterstützt durch Egos von spiritueller Feinheit, welche durch Bande göttlicher Verwandtschaft dorthin gezogen wurden. Der Boden war allmählich vorbereitet; und nachdem das Werk – den „Grundton der Wahrheit" anzuschlagen – vollbracht war, zogen sich die Halbgötter in ihre höheren Sphären zurück. Vor einer Million Jahren wurde die neue Rasse in ihr Erwachsenen-Dasein geleitet, geprägt mit dem Wissen um „ewige Wahrheiten".

Die Jahrhunderte zogen dahin und eine Zivilisation folgte der anderen. In den Herzen der Menschen trübte sich wieder einmal die Liebe zur Wahrheit und die alten Vorschriften wurden nicht mehr angewendet. Die Myste-

---

1 *Arisch* stammt von dem Sanskritwort *ārya*, „edel", und bezog sich ursprünglich auf die indo-europäischen Völker, die aus Zentralasien nach Europa, dem mediterranen Becken, nach Persien und auf die indische Halbinsel wanderten. Im theosophischen Sprachgebrauch bezeichnet die arische oder fünfte Wurzelrasse allgemeiner den gegenwärtigen menschlichen Evolutionszyklus, der – wie die vierte Rasse – „beinahe eine unzählige Anzahl von Rassen und Nationen" umfasst (*SD* II:433-4 und Fußn.).

rien wurden noch mehr zurückgezogen, so dass das einst universale Wissen jetzt der begehrteste Lohn wurde, von der Großen Bruderschaft jener auserwählten Minderheit verliehen, deren Leben der Wahrheit und der Wahrheit allein gewidmet war, unbefleckt von Schwäche oder selbstsüchtigem Ehrgeiz. Mit dauerhafter Beständigkeit blieb der Zweck der Mysterien seinem Charakter nach dreifältig:

(1) Die stetige Spiritualisierung des Gedankenlebens der Menschheit, damit das Wissen um spirituelle Dinge in die Herzen eindringen und das Leben mit der Zeit zu einer friedlichen Segnung wird, anstatt zu einem tragischen Konflikt.

(2) Saatfelder für Adepten anzulegen, Kinderstuben für künftige Anwärter, die durch Erprobung und Initiation die höchste Würde der Mitgliedschaft in der Großen Bruderschaft erlangen können.

(3) Die Bewahrung der von Menschenhand unbefleckten Wahrheit für künftige Rassen; und die Verbesserung des Wissens um die Wahrheit durch das Forschen geschulter Seher nach den Geheimnissen der Natur in den sichtbaren und unsichtbaren Welten.

Das erste dieser Ziele wird durch das periodische Erscheinen der großen Weltenlehrer – der Inspiratoren dessen, was später die großen religiösen und philosophischen Schulen wurden – erfüllt: Boten der Loge, die in zyklischen Perioden erscheinen, um erneut den „Grundton der Wahrheit" anzuschlagen. Daher wurde jede große Religion, jede edle Philosophie, jede fundamentale wissenschaftliche Entdeckung aus dem Heiligtum geboren, um zu einer *neuen* Religion, einer *neuen* Philosophie, einer *neuen* Wissenschaft zu werden: frisch und neu für das Zeitalter und die Menschen, aber älter als die Zeitrechnung, da sie im Schoße des esoterischen Altertums gehegt wurden:

> Alles, was in der menschlichen Natur gut, edel und großartig ist, jede göttliche Fähigkeit und Aspiration, wurde von den Priester-Philosophen genährt, die sie in ihren Initiierten zu entwickeln suchten. Ihr auf Altruismus basierender ethischer Kodex ist universal geworden.
>
> – „The Origin of the Mysteries", *BCW* 14 : 256

Das zweite dieser Ziele bedarf zu seiner Vollendung Zeitalter und ist tief okkult: das verborgene Feuer der Göttlichkeit in der menschlichen Seele zu erwecken und durch das Entfachen jener Flamme die Schlacke der Unvollkommenheit, der Trägheit und des unwürdigen Verlangens aus dem Herzen zu brennen. Eines der zwingenden Ziele einer solchen Schulung liegt darin, den Menschen das *innere* Sehen wieder zu geben, sie von „jeder Gefahr der Versklavung zu befreien, sei es durch einen Menschen oder eine Idee" (*BCW* 14:251; siehe auch *ML*, S. 40-1).

Der Schüler muss zu einem Träger von *Vajra-Dhara* (zu einem 'Diamant-Träger') werden, ein für den Bodhisattva Gautama gebrauchter Titel, dessen vielseitiges Herz die Sorgen der Menschen immer mitleidsvoll wiederspiegelte, dessen spirituelle Essenz jedoch einem Diamanten glich, unnachgiebig in seinem Kern gegenüber der subtilen Verkleidung der Illusion (Māyā).

Das dritte dieser Ziele wird durch die Auswahl von Anwärtern für die Bruderschaft ermöglicht, so dass (a) die Wahrheit – ungetrübt von menschlicher Selbstsucht – bewahrt werden kann; und (b) die Erforschung der Geheimnisse der Natur ungehindert weitergehen kann und die Ergebnisse solchen Forschens von vielen Generationen geschulter Seher geprüft und wieder geprüft und erst dann als okkulte Tatsache zum Wohle der Menschheit aufgezeichnet werden.

Was die Arbeit der Meister betrifft, spricht das folgende Zitat aus dem Jahr 1881 von einem der ihren für sich selbst:

> Wenn wir über Generationen 'die Welt von der Kenntnis unseres Wissens ausgeschlossen haben', so geschah dies wegen ihrer absoluten Untauglichkeit; und wenn sie trotz der gelieferten Beweise sich immer noch weigert, sich diesem Zeugnis zu beugen, dann werden wir uns am Ende dieses Zyklus erneut in unsere Einsamkeit und unser Reich des Schweigens zurückziehen. ... Wir haben angeboten, die Urschichten des menschlichen Wesens, seine Grundnatur, aufzudecken und die wunderbaren Verflechtungen seines inneren Wesens bloßzulegen – etwas, was in seinem

letzten Ausdruck von der Physiologie oder sogar von der Psychologie niemals erreicht werden kann – und dies wissenschaftlich zu demonstrieren. Auch wenn die Grabungen noch so tief und die Felsenriffe noch so rauh und scharf sind, kümmert es sie wenig, dass die meisten von uns bei dieser gefahrvollen Erkundung, wenn wir in diesen – für sie – bodenlosen Ozean eintauchen, zugrunde gehen; denn wir waren die Taucher und Pioniere, und die Männer der Wissenschaft brauchen nur zu ernten, wo wir gesät haben. Es ist unsere Aufgabe, zu tauchen und die Perlen der Wahrheit an die Oberfläche zu bringen; die ihre – sie zu reinigen und sie zu wissenschaftlichen Juwelen zu fassen. Und wenn sie sich weigern, die missgeformte Austernschale zu berühren, darauf bestehend, dass keine wertvolle Perle in ihrem Inneren ist oder *sein kann*, dann werden wir wieder einmal unsere Hände von jeder Verantwortung für die Menschheit reinwaschen.

– *ML*, 50-1

Ohne Dank, unbekannt, unbeachtet fahren die Meister in ihrer mitleidsvollen Arbeit zur Erleuchtung der Menschheit fort – eine Arbeit, die in ihrem Ausströmen von spiritueller Vitalität viele Millionen Jahre lang nie aufgehört hat und eine weitere solche Periode andauern wird, wenn es die Notwendigkeit erfordert, bis zu der Zeit, in der die Menschheit aus ihrer Lethargie erwacht und wieder einmal gewillt ist, ihr Herz mit der Wahrheit zu vereinigen. Der Meister KH fährt fort:

Zahllose Generationen lang hat der Adept einen Tempel aus unvergänglichem Gestein aufgebaut, einen gewaltigen Turm UNBEGRENZTEN DENKENS, in dem der Titan wohnt, und er wird, wenn es sein muss, allein dort verweilen und nur am Ende eines jeden Zyklus aus ihm hervorkommen, um die Auserwählten der Menschheit einzuladen, mit ihm zusammen zu arbeiten und ihm bei seiner Aufgabe zu helfen, die abergläubische Menschheit zu erleuchten. Und wir werden mit dieser unserer periodischen Arbeit fortfahren. Wir werden uns in unseren philantropischen Anstrengungen nicht hindern lassen – bis zu jenem Tag, an dem die Fundamente eines neuen Kontinents des Denkens so gefestigt sind, dass die Summe von Opposition und unwissendem Hass, gelenkt von den Brüdern des Schattens, nicht zur Vorherrschaft gelangen kann.

– S. 51

# Kapitel 4

## Das Muster der Esoterik

> Für das spirituelle Adlerauge des Sehers und Propheten jeder Rasse erstreckt sich der Ariadnefaden jenseits jener 'historischen Periode' ohne Unterbrechung oder Fehler, sicher und stetig, bis in die Nacht der Zeit; und die Hand, welche ihn hält, ist zu mächtig, ihn fallen oder auch nur reißen zu lassen.
>
> – *The Secret Doctrine*, II:67

DIESER FADEN DER ESOTERIK erstreckt sich noch weiter in die Morgendämmerung der menschlichen Rasse, wo „Wahrheit hoch oben auf ihrem unnachgiebigen Fels sitzend, alleine ewig und erhaben ist" (*Isis Unveiled*, I:v). Wo ist diese Wahrheit, dieser Webstuhl esoterischer Geschichte, und was ist das Muster seines Gewebes? In der Heimat der Bruderschaft steht dieser Webstuhl, dessen Kette der alte Faden der Initiation ist, durch das Opfer von Adepten in okkulter Spannung gehalten, und dessen Schussgarn Jahrhundert um Jahrhundert gewoben wird, so wie die nationalen Einheiten die leuchtenden Fäden der Esoterik in ihren Mysterienschulen spinnen.

Die profane Geschichte enthüllt kaum etwas von folgerichtigem Wert. Sie zeigt lediglich, dass sämtliche Relikte dieses mystischen Prunks auf dasselbe Motiv hindeuten. Um „eine folgerichtige und vollständige Geschichte *unserer* Rasse von ihrem Anfangsstadium bis zu unserer Zeit zu erhalten", müssen die archaischen Aufzeichnungen zu Rate gezogen werden. Lediglich darin kann das alte Muster, wenn auch nur in vagen Umrissen, aufgespürt werden. Der Zugang zu diesen Aufzeichnungen ist allerdings das alleinige Privileg des Adepten, denn „ein solches Wissen ist nur für die *höchsten* Initiierten, die ihre Schüler nicht ins Vertrauen ziehen" (*SD* II:437-8). Dennoch haben wir ein unschätzbares Geschenk erhalten: den uns geschenkten Beweis, von jenen gesammelt, welche die Schleier des Heiligtums durchdrungen und das Mitleid empfunden haben, umzukehren und einen gehüteten Teil ihrer Vision mit uns zu teilen. Das Studium ihrer Forschungen wird zunächst ein bruchstückhaftes Muster enthüllen, aber – wenn es treu weiterverfolgt wird – wird ein solches Studium mit unmissverständlicher Klarheit auf eine universale Quelle der Wahrheit hinweisen.

Aus Zentralasien, dessen Länder ein riesiges Gebiet umfassten, miteingeschlossen die Wüste Gobi oder Shamo, die Berge von Tien Shan und Kuen Lun, die Regionen Belutschistan, Afghanistan, Persien und Turkestan, wanderten Scharen von Emigranten aus, zum großen Teil fest entschlossen zu erobern, zu unterwerfen; und es tobten viele Schlachten in jenen frühen Tagen. Eine Hauptursache dafür – wenn das auch von der Bevölkerung nicht erkannt wurde – war das von Karma unterstützte Drängen der Bruderschaft, das Licht der Mysterien in andere Länder weiterzutragen, die alte Weisheit überall auf der Erde zu verbreiten:

> Nicht ein Volk alleine bewohnte und baute diese Zivilisationen von Zentralasien auf. Es waren wiederkehrende Wellen unserer gegenwärtigen Fünften Wurzelrasse, ... wobei jede solche Zivilisation ihrerseits eine Wiege war, aus der Kinderkolonien wuchsen, ausgesandt, um Licht und Initiation in damals barbarische und unkultivierte Teile der Welt zu tragen, zum Beispiel in das heutige Europa, China, Sibirien und Indien.
>
> – *SOP*, S. 23, 22

Die Āryas oder „die Würdigen" zogen nach Bhārata-Varsha oder Indien. Diese Gruppe von Emigranten gründete eine bisher in der esoterischen Geschichte unübertroffene Zivilisation und Kultur, deren spiritueller Einfluss sich verzweigte und sich bis nach Ägypten, Kleinasien und Europa hin erstreckte. Eine andere Schar zog westwärts nach Ägypten, dem „Geschenk des Nils", wie Herodot es nannte, vermischte sich mit den Ureinwohnern und bevölkerte seine Täler. Aus dieser Vereinigung entstand eine edle Zivilisation, deren Glanz nach Jahrtausenden noch ungetrübt geblieben ist – besonders weil sich der Einfluss ihrer Mysterien überallhin verbreitete, als eine Nation von Eroberern nach der anderen von der inneren Größe Ägyptens gefesselt wurde. Persien, Babylon, Judäa und Kreta, Griechenland und Rom – die Spuren der spirituellen Inspiration aller gehen auf die ägyptische und frühe arische Kultur zurück. Darüber hinaus waren diese frühen Zivilisationen an esoterischer Macht so gewaltig, dass

> Darstellungen ägyptischer Priester – Initiierter – existieren, die in nordwestliche Richtung ziehen – *zu Land – über das*, was später die Straße von Gibraltar wurde; sie wendeten sich nach Norden und wanderten durch die späteren phönizischen Siedlungen von Südgallien; dann noch weiter nördlich, bis sie Karnak (Morbihan) erreichten, dann wendeten sie sich nochmals nach Westen und gelangten, *immer noch zu Land reisend*, an das nordwestliche Vorgebirge des Neuen Kontinents [die Britischen Inseln].
>
> Was war der Zweck ihrer langen Reise? Und wie weit müssen wir das Datum solcher Besuche zurückdatieren? Die archaischen Aufzeichnungen zeigen die Initiierten der zweiten Unterrasse der arischen Familie, die von einem Land ins nächste zogen, um die Errichtung von *Menhiren* und Dolmen zu überwachen, von kolossalen Abbildern des Zodiak in Stein und von Grabstätten – um als Behälter für die Asche künftiger Generationen zu dienen.
>
> – *SD*, II:750

Was war die Triebfeder dieser Zivilisationen, wenn nicht die Mysterienlehren – Lehren, die speziell das Gedankenleben der Nationen beeinflussten, vielleicht aus unbekannter Quelle, von der Menge nicht als esoterisch erkannt? Nichtsdestoweniger waren die Mysterienlehren die Inspiration des Künstlers bei seiner Suche nach dem Göttlichen, die Intuition des Poeten in seiner Sehnsucht nach Wahrheit und die widerhallende Harmonie des Musikers, wenn er nach der Musik der Sphären suchte. Es ist keine leere Phrase zu sagen, dass alle Dinge von spirituellem, intellektuellem und künstlerischem Wert zur Gänze aus dem Allerheiligsten geboren werden.

Was sind die Steinmonumente und Papyri von Ägypten, wenn nicht Zeugen der Kenntnis alter, längst vergessener Wahrheiten? Die Darstellung vom Wiegen des Herzens gegen die Feder der Wahrheit auf den Papyri von *Pert Em Hru* – „Ans-Tageslicht-Kommen", allgemein als *Totenbuch* bekannt – stellt in symbolischer und allegorischer Form dar, was sich tatsächlich in den heiligen Kammern der Initiations-Pyramiden ereignete. Leibhaftiger Zeuge dafür ist die große Pyramide von Khufu oder Cheops, deren Alter – wie H.P.Blavatsky mehr als einmal andeutet – zumindest auf 75 000 Jahre v. Chr. zurückdatiert werden kann, wenn nicht noch früher (siehe *SD* II:432, 750).

Was ist mit den Druiden und ihren alten Zeremonien unter Eichen und Myrthen, mit ihren Steinmonumenten, die so ausgerichtet sind, dass die Strahlen der aufgehenden

Sonne die Augenbrauen des Kanditaten berührten, wenn er sich von seinem Initiations-Lager erhob, „umkleidet mit der Sonne", buchstäblich von Sonnenglanz erstrahlend? Woher stammt die Schulung ihrer Kandidaten in drei Graden – eine Schulung, die absolute moralische Reinheit, spirituelle Kraft und ein tiefes Verständnis für die Wahrheit erforderte?

Was ist mit Persien und seiner langen Linie von Zoroastern? In deren mystischen Zentren mit sieben Kammern wurden den Neophyten, welche die traditionelle Schulung der Mysterien durchliefen, Wahrheiten von großem intellektuellem und spirituellem Wert gelehrt. Wurden die Magier dort von einer anderen Quelle als der archaischen Mutter des Okkultismus geboren? Was ist mit den orphischen Mysterien, deren strenge Schulung und esoterischer Inhalt vielleicht einen stärkeren Einfluss auf die griechische Kultur als auf die eleusinischen Mysterien hatten, die über Jahrhunderte so populär waren? Weisen nicht die Lehren des Orpheus auf einen östlichen Ursprung hin, die an jene in Indiens *Āśramas* oder Mysterientempel erinnern? Reisten nicht Pythagoras und Plato gleichfalls nach Indien und brachten ihren Schülern das identische Muster der Esoterik zurück?

So könnte man mit der nordischen und germanischen Mystik fortfahren, mit den hinduistischen und chinesischen Philosophen, dem griechischen und römischen Zeremoniell – alle Weber an demselben Muster in einem universalen

Motiv – ein auf alle Zeiten, alle Nationen anwendbares Motiv, weil es unendlicher Variationen fähig ist. Die *innere* Bedeutung einer Mysterienschule zu begreifen, heißt, die heilige Identität aller zu erfassen – nicht im Detail kultureller und ethnischer Interpretation, sondern in der esoterischen Essenz.

Was ist also die Wahrheitsprobe? Eine Grundvoraussetzung ist Universalität: Wurde sie von all jenen gelehrt, die „mit der zentralen Sonne" der Initiation „umkleidet" waren? Unterwies Buddha-Gautama seine Schüler in genau derselben Lehre wie Jesus-Christus? Lehrte Śankarāchārya dieselbe Esoterik wie Pythagoras und Empedokles? Wurden Zoroaster und Tsong-kha-pa zu ihrer Adeptschaft im selben Schoße der Initiations-Kammer geboren wie Apollonius von Tyana, Orpheus oder Lao-Tse? Haben Persien und Griechenland, China und das alte Amerika, Island, Wales und Babylon, alle eine Botschaft erhalten, die – ihrer äußeren Schale entkleidet – in ihrer Essenz eins ist? Sicherlich ist es so, denn solche Muster wurden auf einem Webstuhl gewoben – dem zeitlosen Webstuhl der Wahrheit.

Diese Mysterienschulen sind kein einmaliges System, sondern basieren auf der spirituellen Struktur des Universums, sie wurden

aus den gleichen Motiven des Mitleids errichtet, die das Werk der großen Akteure des ursprünglichen Dramas bei dem Eröffnungsakt unseres Manvantaras bestimmten. Sie kopierten sozusagen im Kleinen, was in jenen uranfänglichen Zeiten stattfand und was im tatsächlichen Leben in der Hierarchie des Mitleids auf unserer Erde oder vielmehr in jener Abteilung der Hierarchie des Mitleids stattfindet, die wir die 'Große Weiße Loge' nennen.

– G. DE PURUCKER, *Fundamentals of the Esoteric Philosophy*, S. 322, 2. Ausg.

Eine ursprüngliche Menschheit, viele Kinderkolonien; eine Mysterienlehre, viele Mysterienschulen; ein archaisches Muster, viele Variationen in Farbe und Gewebe, da jede Nation den Schuss ihrer nationalen Mysterien beiträgt. Aus heutiger Sicht existieren drei Varianten des Motivs:

(1) Die ursprüngliche Enthüllung der Wahrheit für die Menschheit durch göttliche Lehrer, die in Übereinstimmung mit dem spirituellen Planetengeist unserer Erde arbeiten. Diese haben im Laufe der ersten Jahrtausende erfolgreich die wenigen Auserwählten in einem Zentrum von esoterischem Licht – der Großen Bruderschaft – versammelt.

(2) Die zweite Enthüllung, direkt als Frucht der ersten entspringend: die unaufhörlich von der Loge ausgesandten spiritualisierenden Einflüsse – welche in zyklischen Inter-

vallen durch ihre Schüler, die großen Weltlehrer, in besonderem Maße verstärkt werden.

(3) Die dritte Enthüllung, als der Nachkomme von (1) und (2) hervorgegangen: das Eindringen der Wahrheit in das menschliche Leben durch die Mysterienschulen, die Zentren der esoterischen Disziplin, in deren inneren Kammern die Initiation der 'Auserwählten' allein stattfindet, aber in deren äußeren Bereichen die gesamte Welt Einlass suchen kann, um die fundamentalen Wahrheiten zu lernen, so dass das Leben veredelt und der Tod so natürlich wie der Schlaf angenommen werden kann. Das ist das Jahrhundert um Jahrhundert auf dem Webstuhl der Wahrheit gewobene Muster der Esoterik.

# Kapitel 5

## Der duale Charakter der Mysterien

> Die gesamte Essenz der Wahrheit *kann nicht von Mund zu Ohr übermittelt werden.* Auch kann keine Feder sie aufschreiben, nicht einmal die des aufzeichnenden Engels, wenn nicht der Mensch die Antwort im Heiligtum seines eigenen Herzens findet, in den innersten Tiefen seiner göttlichen Intuitionen.
>
> – *The Secret Doctrine*, II:516

Wie können diese „innersten Tiefen“ zum Klingen gebracht werden, so dass das Wissen um die Wirklichkeit gewonnen werden kann? Durch Übung, Schulung und selbstgeborene Weisheit. Eine solche Übung und Seelen-Schulung ist das unterscheidende Merkmal der Mysterienschulen, die seit ihrer Einführung in zwei Teile getrennt waren: die exoterische Form, allgemein als die Kleineren Mysterien bekannt, offen für alle ernsthaften und ehrenwerten Kandidaten für ein tiefergehendes Lernen;

und die esoterische Form oder die Größeren Mysterien, deren Tore sich nur den Wenigen öffnen und deren schließliche Initiation zu Adeptschaft der Lohn jener ist, deren innerer Adel sie befähigt, die solaren Riten zu durchlaufen (siehe Kapitel 8 und 9).

Weltweit legen Steine und Papyri, Symbole und Allegorien, Höhlen und Krypten Zeugnis über die zweifältige Prüfung der Neophyten ab. Jesus, der Avatāra, sprach in Gleichnissen zu der Menge, aber „seinen Jüngern erklärte er alles, wenn er mit ihnen allein war“ (*Markus* 4, 34). Die Essener hatten ihre größeren und kleineren Mysterien. Man nimmt an, dass Jesus in erstere eingeweiht war.

Die chinesischen Buddhisten halten an einer geliebten Tradition fest, nämlich dass Gautama der Buddha zwei Lehren hatte: eine für das Volk und seine Laien-Schüler, die andere für seine Arhats. Sein unveränderliches Prinzip war:

> Niemandem den Zutritt zu den Reihen der Kandidaten für Arhatschaft zu verwehren, aber niemals die entscheidenden Mysterien zu enthüllen – außer jenen, die sich selbst durch lange Jahre der Prüfung als der Initiation wert erwiesen haben.
>
> – „The Doctrine of Avatāras“, *BCW* XIV: 370

Die Intensität der Entschlossenheit kennzeichnet die hebräischen Initiierten bei ihrer Verschleierung der inneren Lehre. Der Menge lehrten sie die Tōrāh, das ‘Gesetz’, aber den Wenigen lehrten sie ihre ungeschriebene Interpretation, die „Geheime Weisheit" – *ḥokhmāh nistorāh* – „in 'Dunkelheit, an einem einsamen Platz und nach vielen und schrecklichen Prüfungen'. … *Nur als ein Mysterium* weitergegeben, wurde sie dem Kandidaten mündlich mitgeteilt, '*von Angesicht zu Angesicht, von Mund zu Ohr*'." Die persischen und chaldäischen Magier bestanden auch aus zwei Kasten: „Den Initiierten und jenen, denen es lediglich bei den öffentlichen Riten gestattet war, zu amtieren" (siehe *Isis* II:306, Fußnote, und *The Kabbalah* von Christian D. Ginsburg, S. 86).

Eleusis und Samothrake sind in einer wunderbaren Silhouette vor dem blau-schwarzen Himmel der Geschichte abgebildet. Klassische Gelehrte erzählen uns, dass die Kleineren Mysterien in Agrä nahe bei Athen im Frühling aufgeführt wurden, während die Größeren Mysterien in Eleusis im Herbst gefeiert wurden. Bei den Kleineren Mysterien wurden die Kandidaten, welche die ersten Riten erlebten, *Mystai* (die Auge und Mund Geschlossenen) genannt. Bei den Größeren Mysterien wurden die Mystai zu *Epoptai* (Klarsehenden), die an den Mysterien des göttlichen Elysiums teilnahmen – das ist die Vereinigung mit dem Göttlichen.

Ebenso bewachten der hinduistische Arhat, der skandinavische Skald und der walisische Barde die Seele der Esoterik mit der Heiligkeit ihres Lebens und der Disziplin ihrer heiligen Tradition.

> Zu jedem Tempel gehörten die 'Hierophanten' des *inneren* Heiligtums und die weltliche Priesterschaft, die nicht einmal in den Mysterien unterwiesen war.
>
> – *Isis*, II:306, Fußn.

Darüber hinaus hatte in allen alten Ländern „jeder *große* Tempel seine private oder geheime Mysterienschule, die der Menge unbekannt oder teilweise bekannt war" und die dort als eine geheime Körperschaft angeschlossen war. Eine Mysterienschule ist nicht notwendigerweise für die Bewohner einer bestimmten Region bestimmt, und sie hat nicht Zeitalter hindurch und mit immer gleichbleibenden physikalischen Gegebenheiten ihren Sitz an einem bestimmten und festgelegten Ort. Wo immer der Bedarf groß ist, muss Arbeit geleistet werden; und der „Fehler aller Gelehrten und Mystiker liegt darin, die Mysterienschulen zu sehr auf einen *Ort* festzulegen" (*SOP*, S. 634-5).

Was ist mit den Tempeln von Griechenland und Rom, von Syrien und Judäa; mit den Höhlen-Tempeln von Elephanta und Karli in Indien; mit den Dagobas buddhistischer Länder; mit den Pyramiden von Ägypten und Peru, Mexiko und Yukatán? Was ist mit Stonehenge in England; mit Karnak in Britannien; Sippara in Assyrien; Babylon, Borsippa und Erech in Babylonien; Ekbatane in Medien; Bibrakte in Gallien; und nicht zuletzt mit Iona in Schottland, dessen geheimes Wissen ein Juwel der Weisheit war – eingepflanzt in die Herzen der nördlichen Länder? Wo sind sie jetzt? Lediglich Namen, Relikte, Überbleibsel von vergessenem Glanz? So könnte es den Anschein haben.

Eine Mysterienschule ist nicht von einem Ort abhängig; sie ist vielmehr eine Vereinigung oder Bruderschaft von spirituell geschulten Individuen, die durch ein gemeinsames Ziel verbunden sind – dem Dienst für die Menschheit, ein intelligent und mitleidsvoll ausgeführter Dienst, weil er aus Liebe und Weisheit geboren ist. Es ist jedoch eine Tatsache, dass bestimmte Zentren für spirituellen Erfolg günstiger zu sein scheinen als andere. Warum fanden sich beispielsweise diese alten Zentren der Mysterien fast ausschließlich in Felsentempeln oder unterirdischen Höhlen, in Wäldern oder Gebirgspässen, in Pyramidenkammern oder Tempelkrypten? Weil die Strömungen des Astrallichts stiller, ruhiger, reiner werden, je weiter sie von der tobenden Menge entfernt sind. Nur selten wird man den Sitz einer esoterischen Schule in der Nähe einer Metropole finden, denn sie sind „wirbelnde Strudel … Ganglien, Nervenzentren, in den niederen Bereichen des Astrallichtes (*ET*, II:1026).

Daher waren die Orte der Größeren Mysterien gewöhnlich sorgfältig ausgewählt und ihre Schulen

> waren solcherart, dass sie auf Gebäude keinerlei Wert legten, hauptsächlich weil solche Gebäude sofort die Aufmerksamkeit auf sich ziehen und öffentliche Beachtung finden würden; das ist genau das, was diese geheimeren,

esoterischeren Schulen zu vermeiden trachteten. Deshalb wurden manchmal, wenn die Tempel eher Sitze exoterischer Rituale waren, die Mysterienschulen abseits im Geheimen gehalten und führten ihre Versammlungen, Treffen, Initiationen und Initiationsriten gewöhnlich in sorgfältig vorbereiteten und dem allgemeinen Wissen verborgenen Höhlen aus, mitunter sogar unter freiem Himmel, unter Eichen, wie die Druiden in ihren halb urzeitlichen Wäldern in England und Britannien; und in einigen wenigen Fällen hatten sie nicht einmal eine ständige oder feste Bleibe; aber die Initiierten erhielten Nachricht, wo sie sich von Zeit zu Zeit treffen und ihre Initiations-Funktionen weiterführen konnten.

– *SOP*, S. 635

Es sind die Orte der Ruhe, des Friedens, der tiefen Stille, zu welchen sich die Adepten hingezogen fühlen und wo die geheimen oder Größeren Mysterien am wirksamsten arbeiten. In der Abgeschiedenheit ihrer Initiationskammern gibt es jene Kräfte und Strömungen des höheren Astrallichts, des Ākaśa, der feinen Substanz, welche auf die höheren spirituellen und intellektuellen Strömungen reagieren. Auf diese Art übermittelt die Bruderschaft ihre mächtige spirituelle Vitalität in die Initiations-Hallen; und der Kandidat, dessen siebenstrahlige Seele in Einklang ist, kann die göttliche Prägung empfangen.

## Kapitel 6

### Initiationsgrade

JEDES LAND HAT SEINE eigenen Methoden, das Wissen und die Tradition der Mysterien zu erhalten. Die Grade werden unterschiedlich gezählt, manchmal gibt es vier, fünf, sieben oder sogar zehn: Wie auch immer die Unterteilungen sind, während der Tage ihrer Reinheit ehrten sie alle den einen göttlichen Zweck: die spirituelle Hochzeit zwischen dem höheren Selbst und der erwachten menschlichen Seele zu vollziehen; aus dieser Vereinigung entsteht der Seher, der Adept, der Meister des Lebens. Trotz der schweren Auswirkungen der Zeit und der Priesterschaft, und der Verwirrungen, welche durch die Verstrickung der exoterischen Riten in Intrigen und Unwissenheit entstehen, spürt man die heilige Tradition.

In Kleinasien schreibt Theon von Smyrna über fünf Grade im Initiations-Zyklus: (1) „die vorbereitende Reinigung", weil die Teilnahme an den Mysterien „nicht unterschiedslos allen gewährt werden darf, die sie wünschen"; (2)

„die Tradition der heiligen Dinge“, welche die „eigentliche Initiation“ darstellen; (3) die „Offenbarung der Epoptai“, wo der Kandidat die direkte Intuition der Wahrheit erfahren kann; (4) „das Einbinden des Kopfes und das Anbringen der Krone“ – ein klarer Hinweis auf die mystische Autorität, empfangen mit der Krone der Initiation, um die heilige Tradition anderen weiter zu reichen; und schließlich (5) „Freundschaft und innere Vereinigung“ mit der Göttlichkeit – das wurde als das höchste und erhabenste aller Mysterien betrachtet, die vollständige Assimilation der erleuchteten Seele mit dem göttlichen Selbst (siehe Theon von Smyrna, *Mathematics Useful for Understanding Plato*, S. 8-9; und auch *Isis* I: xiv-xv, II:101).

In Persien, während der Zeit des Mithraismus, als der Sonnengott mehr als alle irdischen Dinge verehrt wurde, gab es sieben Grade. Der Kandidat erhielt einen dem Stand seines inneren Wachstums entsprechenden Namen. Unter Verwendung der griechisch-lateinischen Namen, die uns überliefert sind, wurde der Neophyt des ersten Grades *Corax*, „Rabe“, genannt – der schwarze Vogel, einer, in dem das Licht der Weisheit noch nicht in größerem Ausmaß erweckt worden war. Er bedeutete ebenso einen Diener: jemand, der sein Herz vollständig hingibt, bevor er Zutritt zum zweiten Grad erhält. Dieser wurde *Cryphius*, „okkult“, genannt: jemand, der als Schüler der esoterischen Lehre angenommen war; der dritte Grad war *Miles*, „Soldat“, jemand, der ausreichend geschult und gereinigt worden war, um ein Mitarbeiter für das Gute zu werden. Der vierte Grad – *Leo*, Löwe", das Zeichen der solaren Kraft, bezieht sich auf die vierte Initiation, bei welcher der Kandidat die bewusste Solarisierung der Natur durch Unterweisung und besondere Übung beginnt (siehe die Kapitel 7 und 8). Der fünfte Grad war bekannt als *Perses*, „Perser", und hatte für die Perser der damaligen Zeit die Bedeutung von jemandem, der spirituell menschlich wurde – mānasaputrisiert, also aus dem Denkvermögen geboren. Der sechste, *Heliodromos*, „Bote oder Läufer von Helios (Sonne)", ist ein Hinweis auf Merkur oder Budha, als Bote zwischen der Sonne im Kosmos und der Sonne im Menschen: der Blüte von Buddhi. Der siebte und letzte Grad wurde *Pater*, „Vater", genannt, der Zustand eines Vollkommen Initiierten (siehe *The Ancient Mysteries, A Sourcebook*, Marvin W. Meyer, Herausgeber, S. 200-1; auch *ET* II:864).

Auch die Hindus hatten verschiedene Namen für ihre Schüler, wenn sie von einem Grad zum nächsten übergingen. In einer Schule zum Beispiel erhielten die Kandidaten die Namen der zehn Avatāras von Vishṇu. Der Neophyt des ersten Grades wurde *Matsya*, „Fisch", genannt: ein in der Skala der spirituellen Meisterschaft noch niedrig stehender. Der zweite war *Kūrma*, „Schildkröte": eine Stufe höher in der evolutionären Entwicklung. Der dritte Grad wurde *Varāha*, „Eber", genannt, ein weiterer Fortschritt der Individualisierung, während der vierte Grad *Nara-Simha*,

„Löwen-Mann", genannt wurde. Dieser vierte Zustand bezeichnet den Wendepunkt zwischen den vorbereitenden Graden der Kleineren Mysterien und den fortgeschrittenen Graden der Großen Mysterien. Dieser Titel des Löwen-Mann deutet auf die Wahl hin, die von dem Aspiranten verlangt wurde – zwischen der Herrschaft der Eigenschaften der animalischen Seele und der Vorherrschaft – von nun ab – der wahrhaft menschlichen Attribute. Erfolg im vierten Grad sicherte den Zutritt zum fünften Grad mit dem Namen *Vāmana*, „Zwerg", bei dem der Kandidat das Gewand des okkulten Menschseins annahm, obwohl solches Menschsein immer noch kindlich war, im Vergleich zur vollständigen Meisterschaft. *Paraśu-Rāma*, „Rāma mit einer Axt", der Name für den Neophyten des sechsten Grades, bezeichnet jemanden, der fähig ist, sich seinen Weg durch die Welten von Geist und Materie mit Gleichmut zu bahnen. Im siebten Grad wird der Schüler vollständig vermenschlicht und erhält den Namen Rāma, Held des *Rāmāyana*, ein wichtiges Epos aus Hindustan.

Die letzten drei Grade, der achte, neunte und zehnte, heißen demgemäß: *Krishna*, der Avatāra, dessen Tod das Kali Yuga vor ungefähr 5000 Jahren einleitete; *Buddha*, dessen Entsagung von Nirvana einer leidbedrückten Welt Licht und Frieden brachte; und der letzte und zehnte Grad, *Kalkin* oder Kalkī, der „Weißes-Pferd"-Avatāra, der noch kommen wird. Wie es im *Vishṇu Purāna* (Buch IV, Kap. xxiv) heißt, soll er am Ende des Kali Yuga oder des Eisernen Zeitalters erscheinen, auf einem weißen Pferd reitend, mit gezogenem Schwert, das wie ein Komet funkelt, zur Zerstörung des Bösen, der Erneuerung der Schöpfung und der Wiederherstellung der Reinheit. In der alten Symbologie versinnbildlichte das Pferd auch die Sonne, daher wird der zehnte Avatāra, umkleidet mit der Sonne der spirituellen Erleuchtung, auf einem Hengst aus solarem Glanz reitend erscheinen, um das Neue Zeitalter einzuleiten. [1]

Während in den Mysterien gewöhnlich sieben Grade aufgezählt wurden, gab es Hinweise auf drei höhere als den siebten. Aber sie wären so esoterisch, dass nur die Spirituellsten der Menschheit sie verstehen und dann diese göttlichen Initiationen unternehmen könnten.

In der Tat sind jene selten, die einem Avatāra ähnlich werden; und noch seltener – so selten wie die Blüten des Udumbara-Baumes – sind die Buddhas. Was den zehnten und letzten betrifft – er wird nicht durch Beschreibungen befleckt.

---

*1* Siehe John Dowson, *A Classical Dictionary of Hindu Mythology and Religion, Geography, History, and Literature*, 6. Ausgabe, S. 38; auch H. P. Blavatsky, *Theosophical Glossary*, S. 170.

# Kapitel 7

## Die Kleineren Mysterien

DIE KLEINEREN MYSTERIEN sind eine Vorbereitung des Neophyten auf die Initiation in die Größeren Mysterien durch verschiedene Grade der Reinigung und Schulung, verbunden mit der Übung der intellektuellen und spirituellen Wahrnehmung. Wie im vorigen Kapitel angedeutet, wurden gewöhnlich sieben Grade gezählt, von welchen die drei ersten die Kleineren Mysterien umfassen. Der vierte Grad ist der Wende- oder Entscheidungspunkt, an dem jene, die sich der Schulung und Übung der ersten Grade unterzogen haben, der Prüfung der tatsächlichen Erfahrung der Selbst-Erkenntnis ausgesetzt werden. Wenn der Kandidat diese vierte Prüfung erfolgreich beendet, beginnt er eine strengere Schulung und Reinigung und geht eine engere Beziehung zwischen Lehrer und Schüler ein. Von nun an ist er angenommener Schüler, sein Wille ist fest darauf ausgerichtet, den fünften, sechsten und siebten Grad zu bestehen, welche die Größeren Mysterien umfassen.

Die Prüfungen der Kleineren Mysterien sind verhältnismäßig einfach, aber sobald der Schüler seine Ernsthaftigkeit und Fähigkeit unter Beweis stellt, die ersten Tests zu bestehen, werden die Übungen härter, die Anforderungen an seine Natur werden strikter und die Hand Karmas ahndet Fehler strenger.

Zwei besondere Merkmale kennzeichnen die Kleineren Mysterien: (a) Unterweisung in die tiefere Wissenschaft des Kosmos; und (b) dramatische Riten, die das darstellen, was der Initiand ohne Hilfe von außen in den Größeren Mysterien durchmachen muss. In den eleusinischen Mysterien dienten zum Beispiel die heiligen Riten als eine spirituelle Unterstützung zur Anregung des Kandidaten, das höhere Leben zu leben und dazu, ihn mit den Wegen des Initiationsprozesses vertraut zu machen.

Zeuge oder Zuschauer bei einem Schauspiel zu sein, ist etwas ganz anderes als die tatsächliche Erfahrung zu erleiden; aber dennoch dient das als Stärkung für den Neophyten, wenn die Zeit für die größeren Initiationen kommt. Die Kleineren Mysterien waren bekannt und wurden von den klügsten Denkern aller Zeitalter als die Institutionen des höheren Lernens für jene erkannt, die sich als würdig und geeignet erwiesen hatten.

Von den Mysterienschulen ausgehend, durchdringt das Wissen um die Wahrheit die mentale Atmosphäre des umgebenden Landes, wenn Initiierte der ersten Grade in die Welt hinausgehen. In Griechenland und Rom waren fast alle großen Männer von historischer Bedeutung Initiierte in einem oder mehreren Graden der Kleineren Mysterien. Das betraf nicht Mörder und Erorberer mit dem Schwert, denn sie waren fast alle nicht in die Mysterien initiiert, obwohl sich in den Tagen des Untergangs des Römischen Reiches viele Bewerber unterschiedlichen Formats den Einführungsriten auf eine mehr oder weniger oberflächliche Art unterzogen.

Tatsächlich wurden in alten Zeiten die Mysterien als so hochstehend erachtet, dass die Vorbereitung für den Zutritt als das königlichste Geschenk erachtet wurde, das ein Vater seinem Sohn machen konnte. Knaben wurden mit sieben Jahren aufgenommen, und ihr Herz und Verstand wurde geschult, so dass sie mit Erreichen des Erwachsenenalters entweder ihren Platz in der Welt einnahmen und einen konstruktiven Einfluss unter den Menschen ausübten, oder dass sie – wenn sie auf Grund innerer Eignung besonders bevorzugt waren – im Heiligtum blieben und so weit in die Größeren Mysterien voranschritten, wie es ihnen möglich war. Bestimmte Schüler wurden ausschließlich dazu ausgebildet, die Gesetze des Lebens an den höheren Lehrstühlen zu unterrichten; andere empfingen die ersten Riten, um sich dafür vorzubereiten, gleichmütig und ehrenvoll für die Regierung im Staat zu arbeiten. Wieder andere unterzogen sich der Schulung und Reinigung der ersten Grade und widmeten dann ihr Leben der Aufgabe, der Menschheit Schönheit zu bringen – ob mit

Skulpturen oder Farbe, mit Versen oder Harmonie. So reiften diese frühen Zivilisationen in spirituellen Dingen unter der Führung initiierter Philosophen und Staatsmänner, Künstler und Musiker.

Viele Zweige der Kunst und Wissenschaft wurden in den Kleineren Mysterien gelehrt, besonders Geographie, Astronomie, Chemie, Physiologie, Psychologie, Geologie, Meteorologie und auch Musik, die „göttlichste und *spirituellste* der Künste" (*ML*, Brief xxivb, S. 188); ähnlich wurden die Künste und Architektur studiert, deren verlorener „Kanon der Proportion" die griechischen Tempel unsterblich gemacht hat. Diese Wissenschaften wurden als geheime Studien der Mysterien betrachtet, nicht weil sie – wenn sie gelehrt würden, wie man sie heute an Schulen und Universitäten lehrt – nicht verstanden würden, sondern weil solche Wissenschaften und Künste von der Seite ihrer *Ursachen*, und nicht von der ihrer Wirkungen her, studiert wurden.

Über die Alten wurde viel gespottet, weil sie das Wissen zurückhielten, das in seinen einfachsten Formen sogar von einem Kind verstanden werden kann. Sicherlich wurden die einfacheren Formen öffentlich gelehrt, aber deren *okkulter* Hintergrund wurde streng geheim gehalten (wie es auch heute der Fall ist, obwohl die Welt als Ganzes wenig davon ahnt), da er nur für jene geeignet war, die das erhaltene Wissen nicht missbrauchen würden. Kann so viel Weisheit in diesen Tagen präsentiert werden, in welchen –

sobald Wissenschaftler etwas Neues erfinden – sofort eine Möglichkeit gefunden wird, diese Erfindung zu zerstörerischen Zwecken einzusetzen? Man wird dazu gedrängt, die Stärke und Weisheit der Alten zu bewundern, die es besser wussten, als ihr Wissen unterschiedslos jenen anzubieten, denen es an moralischer Kontrolle fehlte. Mit all unserer prahlerischen Überlegenheit haben wir bis heute noch nicht auf allen Gebieten an das wissenschaftliche Wissen unserer alten Vorfahren Anschluss gefunden.

Wie H. P. Blavatsky 1877 schrieb:

> Wenn moderne Meister den Alten wirklich so sehr voraus sind, warum bringen sie uns nicht wieder die verlorenen Künste unserer postdiluvianischen Vorväter zurück? Warum geben sie uns nicht die unverlöschlichen Farben von Luxor, den tyrianischen Purpur, das glänzende Zinnober und das blendende Blau, welche die Mauern dieses Ortes zieren und noch heute so glänzen wie am Tag ihrer Auftragung? Der unzerstörbare Zement der Pyramiden und alter Aquädukte, die Damaszenerklinge, die gleich einem Korkenzieher in ihrer Scheide – ohne zu brechen – verdreht werden kann, die prächtigen unvergleichlichen Tönungen des farbigen Glases, das mitten im Staub alter Ruinen und Balken in den Fenstern alter Kathedralen gefunden wird, und das Geheimnis des echten hämmerbaren Glases? Und wenn die Chemie so wenig imstande ist, selbst mit dem frühesten Mittelalter in einigen Künsten mitzuhalten, warum sich solcher Errungenschaften rüh-

men, die mit höchster Wahrscheinlichkeit schon vor Tausenden von Jahren vollkommen bekannt waren? Je mehr die Archäologie und Philologie fortschreiten, desto beschämender sind für unseren Stolz die Entdeckungen, die täglich gemacht werden, desto ruhmreichere Zeugenschaft tragen sie zu Gunsten derer, die vielleicht wegen der Entfernung zu ihrem weit zurückliegenden Altertum bis jetzt als im tiefsten Sumpf des Aberglaubens steckende Unwissende angesehen worden sind.

– *Isis*, I:239

In den Mysterien war die Geographie nicht nur ein Studium der Topographie; viel mehr war das periodische Heben und Senken von Kontinenten der Gegenstand der Untersuchung – in Übereinstimmung mit den zyklischen Ereignissen der Rassengeschichte; man lernte über geheime Zentren auf der Welt und unsere innige Beziehung zu den beiden Polen und den vier Himmelsrichtungen. HPB weist darauf hin:

Die beiden Pole heißen das rechte und linke Ende unseres Globus, wovon der Nordpol das rechte Ende ist, oder Kopf und Fuß der Erde. Jede wohltuende Handlung (astral und kosmisch) kommt vom Nordpol; jeder tödliche Einfluss vom Südpol. Sie sind eng mit *der Magie der „rechten“ und „linken“ Hand* verbunden und beeinflussen sie.

– *SD* II:400, Fußn.

Die Meteorologie war das Studium der Strömungen von Wind und Regen, nicht vom Standpunkt der Wirkung her, sondern als Träger von Strömen vitaler Energie aus allen Teilen des Sonnensystems und darüber hinaus. Blitz und Donner etc. waren nicht nur elektromagnetische Phänomene – Wörter, die ausreichend exakt sind und dennoch wenig mehr als eine Feststellung erzeugter Wirkungen vermitteln, wenn sie nicht okkult verstanden werden. Wenn sie vom ursächlichen Aspekt her betrachtet werden, werden sie als äußere Manifestationen innerer Kräfte angesehen, die aus dem kosmischen Raum in unsere Atmosphäre hervorbrechen und das Leben auf Erden beeinflussen.

In Chaldäa, Ägypten, Mexiko und Peru, Wales, Island und Indien wurde die Astrologie mit Ehrfurcht betrachtet. Ihre tieferen Lehren wurden von Mund zu Ohr übermittelt, für so heilig und tief spirituell wurden sie gehalten. Bloßes Wahrsagen und andere ähnliche Lappalien waren in den Augen des Hierophanten pöbelhaft. Die anerkannten Einflüsse der Sonne und Planeten auf die Menschen, welche den Einzelnen zu dem einen oder anderen Charakter- oder Verhaltensmuster bewegen, wurden nicht für rein mechanisch erachtet. Ein solcher Austausch von planetarischen und solaren Lebensenergien unter irdischen Wesen wurde so verstanden, dass er aus unserem gemeinsamen galaktischen Erbe hervorging. Die siebenfältige Natur der Planeten wurde bei der Betrachtung der siebenfältigen menschlichen Natur berücksichtigt. Daher stellt das Zusammenspiel der Lebensatome von verschiedenen Planetensystemen mit der Erde und vice versa eine der Hauptstudien der esoterischen Astrologie dar.

Darüber hinaus wurde die Wissenschaft der Vorhersage von gewaltigen zyklischen Geschehnissen nicht nur in Indien bis ins kleinste Detail beherrscht (siehe das *Sūrya-Siddhānta* von Asuramaya, die älteste vorhandene Abhandlung über Astronomie, *SD* II:326), sondern auch im alten Chaldäa, dessen moderne Repräsentanten vor etwa vier- bis fünftausend Jahren immer noch die archaische Astrologie als ein Hauptmerkmal ihrer geheimen Mysterien betrachteten. Der berühmte Zikkurat oder hohe Turm von Borsippa in Babylonien ist ein eindeutiger Zeuge für das Wissen um die siebenfältigen planetarischen Einflüsse auf die Menschheit. Als die Stadien der sieben Sphären bezeichnet, trug jedes der Stockwerke eine andere Farbe und stellte einen der sieben heiligen Planeten dar. An der Spitze eines Zikkurat befand sich ein heiliger Schrein, oft mit einem Tisch oder einer Liege aus Gold.

Was also der Allgemeinheit als bloße astronomische Observatorien erschienen sein mag, waren geheime Schulungszentren, innerhalb von deren inneren Räumen die Astrologie eine der wichtigsten Studien der Kleineren Mysterien bildete. Medizin und Chirurgie, Physik und Alchemie, Poesie, Mathematik und ebenso Philosophie wurden von ihrem inneren Standpunkt aus studiert. Diese

Unterweisungen bestehen nicht daraus, eine große Menge von Formeln auswendig zu lernen, sondern im inneren Erfassen der okkulten logischen Grundlage, so dass das Wissen – zum Wohl anderer angewendet – mit der Zeit zu Weisheit wird.

Wie faszinierend diese Studien auch immer für die Imagination des Neophyten waren und in welchem Ausmaß sie ihn intellektuell und psychisch stimulierten – sie waren nicht das Hauptziel der Mysterien. Hinter all der Schulung des Denkvermögens lag der drängende Impuls zur *Reinigung der Seele* durch Schulung und Kontemplation. Als Anreiz und Leitlinie wurden schauspielerische Darstellungen des Abstiegs des Kandidaten in die Unterwelt gegeben, seine Prüfung in den niederen Regionen durch Selbstbegegnung und -besiegung, sein Aufstieg in den Strom von Leben und Licht, in der schließlichen Vereinigung und 'Freundschaft' mit den Gottheiten gipfelnd. Diese schauspielerisch dargestellten Riten waren so wirkungsvoll, dass die Teilnahme an ihnen einen wichtigen Teil der Initiations-Schulung als Vorbereitung für die Größeren Mysterien ausmachte.

Ein Vergleich mit den Ritualen der Kleineren Mysterien, wie sie in der alten Welt mit kleinen Veränderungen im Detail praktiziert wurden, offenbart die universale Erzählung vom Abstieg in die Unterwelt in dem Symbol der Weizen- oder Maisgottheit. Der Same oder das Korn stellt den Kandidaten dar. Wenn der Same in die dunklen

Regionen der feuchten Erde eintritt, trifft er im Boden und in der Umgebung auf viele Schwierigkeiten, mit denen er zurechtkommen muss; er 'stirbt', indem er die Wurzel und den Stiel hervorbringt. Wenn schließlich die Periode des Keimens zu Ende geht, sprießen zarte Schösslinge an die Erdoberfläche, und mit der Zeit bricht aus dem ehemaligen Samen mit Hilfe von Sonne und Regen eine Blüte hervor. Auf die gleiche Weise 'stirbt' der Kandidat in den Regionen der Unterwelt, in den niederen Sphären, wo er den Schwierigkeiten dieser Ebene begegnet und sie überwindet; er legt sein vergängliches Selbst ab, er stirbt, indem er eine knospende Meisterschaft zur Geburt bringt. Zur gegebenen Stunde erhebt sich der ehemalige Schüler in die Sphären des Lichts und Lebens; er wird in die Gegenwart anderer göttlicher Pflanzen aufgenommen, er findet Freundschaft mit den Göttern und erreicht die volle Blüte der Adeptschaft.

So wird in esoterischen Bildern die spirituelle Arbeit jener dargestellt, die *„sich selbst zur Geburt bringen“* (*SD* II:559) – wie ein altes Manuskript die Geburt des Adepten im Neophyten beschreibt – die höchste Initiation.

# Kapitel 8

## Die Grösseren Mysterien

In den Grösseren Mysterien, in welche der Neophyt nach dem erfolgreichen Abschluss der vorbereitenden Grade eingetreten ist, wird er zu dem – durch individuelle Erfahrung –, was er in den Kleineren Mysterien gelernt hat. In diesem höheren Bereich esoterischer Schulung gibt es keine Schonung. Der Neophyt muss sich selbst gegenübertreten und siegen – oder sterben. Alle Ebenen seiner komplexen Natur – von der göttlich inspirierten bis zur grob materiellen – müssen erforscht und beherrscht werden. Zu diesem Zeitpunkt muss der Aspirant genügend spirituelle Vitalität entwickelt haben, um der Wirklichkeit Stand halten zu können. Er muss die Natur in ihren niederen und höheren Bereichen *werden*, die höchste Prüfung der Selbst-Erkenntnis bestehen und doch die Integrität seiner Seele bewahren.

Noch im zweiten Jahrhundert wurden die Riten der ägyptischen Mysterien, wie stark sie auch immer durch griechischen Einfluss modifiziert waren, mit entsprechender und angemessener Verehrung weitergeführt. Schüler aus den umliegenden Ländern suchten dort als eine geeignete Förderung nach einer Form der Initiation, welche ihren eigenen Zeremonien entsprach. Apuleius, ein römischer, platonischer Philosoph, beschrieb in seinen *Metamorphosen* oder *Der Goldene Esel* die Initiation in die Isis-Mysterien eines gewissen Lucius Patras, von dem man nun allgemein annimmt, er wäre Apuleius selbst:

> Höre, nun, und glaube, denn was ich erzähle ist wahr. Ich bin den Grenzen des Todes nahe gekommen, ich betrat die Schwelle von Proserpine [Hades], ich wurde durch alle Elemente geboren und kehrte wieder zur Erde zurück. Ich sah im Tode der Nacht die Sonne leuchten mit strahlendem Glanz, ich näherte mich den Göttern oben und den Göttern unten und huldigte ihnen von Angesicht zu Angesicht. Höre, ich habe dir von Dingen erzählt, von denen du – obwohl du sie gehört hast – noch nichts wissen darfst.
>
> Ich werde deshalb nur das erzählen, was ohne Sünde dem Verständnis des nicht Eingeweihten verkündet werden kann. Sobald der Morgen anbrach und die Riten ausgeführt waren, trat ich hervor, gekleidet in zwölf Mäntel, die der Initiierte trägt, ein heiliges Gewand. … Das kostbare Gewand hing von meinen Schultern, meinen Rücken hinunter, gar bis zu den Fersen, und ich war

> geschmückt, wohin auch immer du deine Augen wenden magst, mit den Bildern von Tieren, rundum bestickt in verschiedenen Farben.[1]... Diesen Mantel nennen die Initiierten den Mantel des Olymp. In meiner rechten Hand trug ich eine Fackel mit flammendem Feuer, und mein Kopf war umschlungen mit einer makellosen Siegeskrone, deren Blätter wie Strahlen herausragten ... geschmückt wie die Sonne und aufgestellt wie das Bild eines Gottes.
>
> – Zitiert von Lewis Spence,
> *The Mysteries of Egypt*, S. 70-1

In den Größeren Mysterien ist der Übergang in die Unterwelt kein bloßes Ritual der Kleineren Mysterien mehr, an welchem der Kandidat teilnimmt. Er muss sich nun in vollem Wissen „den Grenzen des Todes" nähern und im Gewand des Seelen-Bewusstseins jenseits des Schleiers der sichtbaren Natur in die Arena der unsichtbaren Welten übergehen:

> Es ist eine der grundlegenden Lehren des Okkultismus, dass nichts *wirklich gewusst* werden kann, das nicht *erfahren, durchlebt wird.* ... verschiedene Stadien oder Grade der

*1* Die Bezugnahme auf die zwölf Gewänder und die Gestalten der Tiere deutet auf die mystische Reise durch die zwölf Zeichen des Zodiak hin.

> Initiation sind tatsächlich eine Art von Schmiede-Prozess für bestimmte auserwählte Geister, bestimmte auserwählte Seelen, die sich als würdig erwiesen haben: ... Diese verschiedenen Stadien oder Grade der Initiation werden zuerst durch vorbereitende Reinigungen gekennzeichnet. Dann folgt der 'Tod', ein mystischer Tod. Der Körper und die niederen Prinzipien werden sozusagen gelähmt, und die Seele vorübergehend befreit. In einem gewissen Grad wird der befreite innere Mensch geleitet und geführt und durch die Initiatoren unterstützt, während er in andere Sphären und Ebenen übergeht und deren Natur lernt, *indem er zu ihnen wird*; das ist der einzige Weg, durch den das Wissen darüber in der Seele, in dem Ego, Wurzel schlägt: indem man *dasjenige wird*.
>
> – *FEP*, S. 258-9

Dieser mystische Tod bildet die vierte Initiation, die nicht nur in der Fähigkeit besteht, das spirituelle Licht zu empfangen, sondern ebenso in der Kraft, der Dunkelheit des Bösen mit Gleichmut und erwachter Moral gegenüberzutreten. *Etwas zu werden* bedeutet tatsächlich, seine erkennende Intelligenz mit der Essenz dieses Wesens oder dieser Sache zu vereinen; mit anderen Worten, die *Natur einer solchen Wesenheit* für einen Zeitraum *anzunehmen*. Daher bedeutet das Verschweißen des eigenen Bewusstseins mit einem Wesen *niedererer* Sphären als der menschlichen hauptsächlich eine Prüfung der Widerstandskraft des Individuums: Werden die bösartigen Dünste der niederen

Sphären die zarten Blütenblätter des keimenden Adepten ersticken? Werden die sinnlichen Vergnügungen der niederen Hölle irgendeine Anziehung auf den Neophyten haben, der in seinem Entschluss unnachgiebig ist? Die Natur von Wesen aus *höheren* als der menschlichen Sphäre anzunehmen, verlangt umgekehrt nach einer gleichermaßen ausgewogenen Konstitution: Werden das Leuchten und der Glanz von ungetrübter Wahrheit die Seele blenden? Wird die Vision der Wirklichkeit das erwachende Auge der Weisheit zerstören?

Dieser vierte Grad kann als ein Vorspiel, eine geringere Reflexion, für den letzten und siebten Grad der Initiation betrachtet werden, in welchem das Individuum die Prüfung der Einswerdung mit *allen* Sphären des Seins durchmachen muss. Um den vollständigen Initiationszyklus zu vollenden, bedarf es also des Erweckens und Stärkens *aller sieben* menschlichen Prinzipien. Der Kandidat muss seine siebensaitige Lyra so eingestimmt haben, so mit spiritueller Harmonie belebt haben, dass sie mit der *spirituellen* Essenz der sieben Prinzipien oder den sieben Sphären des Kosmos vollkommen synchron schwingt. Wie der Meister KH im indischen Simla 1882 an Allan O. Hume schrieb: „Die Grade der Initiation eines Adepten kennzeichnen die sieben Stadien, in denen er das Geheimnis der siebenfältigen Prinzipien in der Natur und im Menschen entdeckt und seine schlummernden Kräfte erweckt" (*ML*, Brief xv, S. 99).

Über diese höheren Grade wissen wir kaum etwas. Das ist natürlich und wirklich angemessen; denn wie könnten Worte das beschreiben, was nur der Initiierte verstehen kann? Wie könnte das, was essenziell esoterisch ist, offenbart werden und doch seine mystische Integrität behalten? Jedenfalls sind bezüglich des fünften, sechsten und siebten Grades wichtige Hinweise gegeben worden.

Bei der fünften Initiation *„begegnet der Initiand seinem eigenen Gott-Selbst von Angesicht zu Angesicht*, und für eine längere oder kürzere Zeit *wird er eins mit ihm*" (*FEP*, S. 283). Diesen Grad nannten die Griechen *Theophanie*, ein Wort mit der Bedeutung 'göttliche Erscheinung' oder 'die Offenbarung einer Göttlichkeit', die Erscheinung oder Manifestation von

> des Menschen eigenem höheren Selbst für ihn selbst. Und obwohl beim Durchschnittskandidaten dieser erhabene Augenblick intellektueller Extase und hoher Vision nur eine kurze Zeit andauerte, wurde die theophanische beim weiteren spirituellen Fortschritt des Kandidaten dauerhafter und anhaltender, bis sich schließlich zuletzt der Mensch selbst erkannte – nicht nur spirituell als das Kind seines eigenen inneren Gottes, sondern als der innere Gott selbst in seinem essenziellen Wesen.
>
> – *FEP*, S. 447

Die sechste Initiation war die unvermeidliche Vollendung des Laufs der Dinge, die einer erfolgreichen

Spiritualisierung der gesamten Natur folgten. Das wurde von den Griechen als *Theopneustie* bezeichnet – ein Wort, das buchstäblich 'Gott atmend' oder 'göttliche Inspiration' bedeutet –, wobei der Schüler

> das Einatmen seines eigenen inneren Gottes verspürte und so inspiriert wurde – das Wort Inspiration bedeutet 'einatmen'. Im Laufe der Zeit und mit der umfassenderen Reinigung des Seelen-Vehikels, welches der Mensch selbst ist, wurde dieses Einatmen oder diese Inspiration dauerhaft.
>
> – EBENDA

In diesem Grad „atmet der innere Gott des Kandidaten – für kürzere oder längere Zeit – die Weisheit und das Wissen des gesamten Universums in ihn hinein …"; und „im sechsten Grad begegnet der Initiand anstatt seinem eigenen Höheren Selbst einem anderen, …" (*FEP*, S. 284, 260).[1]

Dann kommt der siebte oder letzte Grad der Initiation, bevor die Meisterschaft erlangt wird. Diese Initiation ereignete sich gewöhnlich während der Wintersonnen-

---

*1* Für den interessierten Leser hier das englische Original-Zitat: „We are further told that in the sixth degree, instead of one's own higher self, the initiant meets another One, a matter which we will tonight pass over in silence." – *FEP*, Seite 260. D.Ü.

wende. Die alten heidnischen Initiierten betrachteten die vier Punkte des Jahres – die Winter- und Sommersonnenwende und die Frühlings- und Herbst-Tag-und-Nachtgleiche – als Stellvertreter heiliger Vorgänge im Kosmos. Die Geburt der Sonne am Beginn des Jahres symbolisierte für sie die mystische Geburt des Initiierten, und es ist bedeutsam, dass fast alle großen Weltretter – wie Jesus, der Christus, Krishna, der Avatāra, Apollonius von Tyana und andere – ihre 'Geburtstage' zu dieser heiligen Zeit feiern: die Wiedergeburt der solaren Gottheit.

Der siebte Grad, der *Theopathie* genannt wird – ein griechisches Wort mit der Bedeutung 'Gott-leidend' oder 'göttliches Erdulden' –, ist das

> erhabenste aller Mysterien, … der Initiand, der Kandidat, litt selbst, um zu werden, gab sich vollständig auf, um ein wahrhaft selbstloser Kanal der Kommunikation seines eigenen inneren Gottes, seines eigenen höheren Selbst, zu sein; er verlor sich sozusagen im größeren Selbst seines eigenen höheren Selbst.
>
> – *FEP*, S. 447

Es sind wenige, deren Seelenstärke ausreicht, die Gegenwart des Göttlichen vollständig ertragen zu können. Das ist der Lohn der höchsten Adepten, deren Opfer und Weisheit die Menschheit mit einer diamantgleichen Schutzmauer aus Mitleid und Sicherheit umgeben.

Beim siebten Grad durchschreitet der Neophyt die Tore der Sonne: „*Für einen flüchtigen Augenblick wird er zu dem Wunderbaren Wächter*" (*FEP*, S. 260). Die solare Initiation ist vollständig: Der Neophyt stirbt und der Hierophant ist geboren.

# Kapitel 9

## Die Initiationspfade

In der tieferen Mysterienschulung muss der Schüler nicht nur lernen, den mystischen Behälter des erwachenden Bewusstseins zu erbauen, der ihn von Ebene zu Ebene tragen wird, sondern im Laufe eines solchen individuellen Werdens muss er für sich die zeitalterlosen Initiationspfade wieder entdecken.

In Weisheit und Voraussicht ist die Natur durch und durch folgerichtig: ein Gesetz, ein Plan, eine Struktur. Mit bezaubernder Sparsamkeit wiederholt sie die Initiationspfade in den Zyklen von Schlaf und Tod. Der Tod und seine Vorgänge bilden das Herz und den Kern der Größeren Mysterien: Durch den Tod des Geringen wird das Höhere geboren. Wenn der Same nicht stirbt, kann die Blume nicht blühen; wenn die Blume nicht stirbt, kann der Same nicht gebildet werden. „Wer das Leben um meinetwillen verliert, wird es gewinnen" (*Matthäus* 10, 39).

Der Schlaf ist ein unvollständiger Tod – unbewusst erlebt; der Tod ist ein vollständiger Schlaf – unbewusst erlebt; Initiation ist ein selbstbewusster Schlaf oder 'Tod' der niederen Elemente mit einer vollkommen bewussten Befreiung der spirituellen Seele, entsprechend den Pfaden von Schlaf und Tod.

Im Schlaf 'stirbt' der Körper unvollständig, denn der goldene Faden bleibt mit dem schlummernden Körper verbunden. Wenn die Seele nicht mit materiellen Wünschen beladen ist, folgt danach eine natürliche Ruhe. Während der kurzen Stunden des nächtlichen Schlafes kann die befreite Geist-Seele – wenn das Karma günstig ist – aus der Sphäre der Erde entlang der unsichtbaren magnetischen Pfade in höhere Reiche aufsteigen. Der Aufstieg ist blitzschnell und folgt bei seiner Rückkehr denselben Pfaden, bis die Seele wieder in den schlafenden Körper eintritt und ein neuer Tag heraufdämmert.

Die Pfade des Schlafs, die Nacht für Nacht begangen werden, stellen eine *unbewusste* Reise entlang der Initiationsrouten dar. Ein solch vorübergehender und unbemerkter Kontakt während des Schlafs ist nicht ohne Sinn; gerade die Wiederholung genau des gleichen Vorgangs wirkt auf den gewöhnlichen Menschen wie ein unsichtbarer Ansporn. Wenn die Sehnsüchte andauern und das Leben reiner gemacht wird, werden vage Eindrücke von Schönheit und Großartigkeit in die Seele dringen, Intuitionen werden sich manifestieren und der Aspirant wird feststellen, wie seine Tage durch die nächtliche Berührung der höheren Sphären gesegnet werden.

Der Tod ist die Abfolge derselben Vorgänge wie beim Schlaf, nur vollständig. Der Körper wird endgültig abgelegt und löst sich auf; der goldene Faden wird zurückgezogen und die Seele, befreit von ihren irdischen Elementen, betritt die Sphären vorübergehender Reinigung. Von irdischer Schlacke befreit und gereinigt, steigt die Seele zu ihrem spirituellen Ursprung auf, zu ihrem höheren Selbst, und sie verfolgt in unvorstellbarem Frieden und Glück die gleichen Wege wie im Schlaf. In jedem Haus des Raumes wird eine Pause gemacht – kürzer oder länger, abhängig von den in vergangenen Erfahrungen der spirituellen Seele erschaffenen Anziehungskräften, bis sie, durch den Kontakt mit dem Göttlichen gestärkt, dem alten Pfad erneut folgt und ein Kind auf Erden geboren wird.

So wandert die spirituelle Monade im Tod in bewusstem Erkennen entlang der Zeitalter alten Initiationspfade, aber für die gewöhnliche menschliche Seele noch in unbewusstem Verstehen.

Der Mensch ist vielseitig: Er hat eine göttliche Monade in sich, eine spirituelle Selle und eine menschliche Seele, welche durch seine vital-astral-physische Natur arbeitet. Wir müssen auf der Hut sein, dass nicht das Niedere die Herrschaft über das Höhere gewinnt, und wir müssen sorgfältig beobachten, besonders bei der Besprechung dieser heiligen Themen, dass wir nicht durch ihre Schönheit und ihren intellektuellen Glanz so fasziniert werden, dass wir ihren essenziellen Wert vergessen – den der Ethik.

Bevor ein Individuum nicht die Ethik zur Grundlage seines Charakters gemacht hat, werden sein Herz und sein Verstand unaufhörlich von den Stürmen des Verlangens erschüttert werden.

Wer sich nur am Rande um das kümmert, was über das Alltägliche hinausgeht, wird nur eine geringe Anziehung zu tieferen Dingen verspüren. Wer aber begonnen hat, intuitiv zu denken und zu fühlen, wird sich unwiderstehlich zur alten Weisheit hingezogen fühlen. Und doch werden jene, welche allmählich aus dem Schlaf der Materie erwachen, immer wieder davor gewarnt, sich mit der Vorstellung zu tragen, die Einweihungen lägen direkt vor ihren Füßen. Man muss das Herz vor dem selbstsüchtigen Verlangen nach sogenannten okkulten Kräften schützen, wie man sich vor Schlangenbissen schützen würde. Die Initiationen, auf die vor allem im vorigen Kapitel hingewiesen wurde, sind nicht beschrieben, sondern werden nur angedeutet als etwas, worüber der würdige Schüler eines Tages vielleicht glücklich sein wird, sie zu erleben.

Zusammengefasst – die Initiationsreise wird wieder und wieder durchlaufen: im Schlaf unvollständig, im Tod vollkommener; während der Nacht von der Seele im Schlaf, periodisch von der Seele im Tod. Wenn auch unbewusst durchlaufen, wiederholt die Natur somit das, was die Seele eines Tages willentlich und bewusst in voller Aktivität befolgen muss. Dieser letztere Vorgang ist die Initiationsreise: die absichtliche Lähmung des irdischen

Einflusses, gefolgt von der selbst wahrgenommenen Reise durch alle Ebenen und Sphären des Kosmos.

In seiner *Esoteric Tradition* führt Purucker aus:

> Der Zweck der Reise der Monade nach dem Tod durch die verschiedenen Planetenketten ist, ihr die Möglichkeit zu geben, sich auf jeder Planetenkette von der Hülle, dem Kleid oder Vehikel, das zu der vitalen Essenz der betreffenden Plantenkette gehört, zu befreien. Nur auf diese Weise kann die Monade die verschiedenen 'Schichten', eine nach der anderen, abstreifen, in die sie sich während ihrer langen Evolutionsreise eingehüllt hat. Wenn sie sich dann von allen sieben 'Schichten' befreit hat, ist sie zum Eintritt in ihre eigene ursprüngliche spirituelle Heimat bereit, da sie frei und in ihrem reinen und 'unbekleideten' Zustand ist. Wenn nun die Rückreise zur planetarischen Erdkette beginnt, wandert die Monade wieder durch alle sieben Planeten, jedoch in umgekehrter Reihenfolge ihres Aufstiegs. Auf jedem dieser Planeten, den sie nun auf der Rückwanderung zur Erdkette in der umgekehrten Reihenfolge besucht, sammelt sie die Lebensatome auf, nimmt sie wieder an oder bekleidet sich damit. Diese Lebensatome bildeten die von der Monade zuvor auf dem jeweiligen der sieben Planeten abgestreiften oder abgeworfenen 'Schichten'.
>
> – II:869-70

Diese Reise ist so bedeutsam, dass sich die Größeren Mysterien fast gänzlich mit Vorgängen des mystischen Todes befassten. Wie im vorhergehenden Kapitel gesagt, beinhaltet die vierte Initiation einen teilweisen Abstieg in niedrigere Sphären, begleitet von einem teilweisen Aufstieg in höhere Sphären. Die Seele hat bisher noch nicht genügend Stärke entwickelt, um der vollständigen Offenbarung des Universums standzuhalten.

Es gibt eine babylonische Legende, die auf eine Mysterienlehre hinweist. Ishtar[1] steigt in die Unterwelt hinab, gelangt an die Tore von Arallu (Hades) und steht dort schön und königlich. Der archaische Ratschluss verlangt jedoch, dass niemand die gefürchteten Bereiche der Unterwelt betreten kann, der nicht von Kleidern oder Juwelen entblößt ist.

> Deshalb entkleidet der Wächter an jedem der aufeinander folgenden Tore, durch welche Ishtar hindurch gehen muss, sie von einem weiteren Gewand oder Schmuckstück: zuerst ihre Krone, dann ihre Ohrringe, dann ihre Halskette, dann die Schmuckstücke an ihrer Brust, dann ihr mit vielen Juwelen besetzter Gürtel, dann die Arm- und Fußreifen und schließlich ihr Lendentuch.
>
> – Will Durant, *The Story of Civilization*, I: 238

Frei und rein betritt sie das Land ohne Wiederkehr, wo ihre Schwester, Ereshkigal, herrscht. Von Eifersucht erfüllt

---

*1* Eine Variante der sumerischen Inanna.

sendet Ereshkigal ihr sechzig Krankheiten. Nachdem Ishtar die Prüfungen der niederen Welt bestanden hat, beginnt sie ihren Rückweg durch die sieben Tore und nimmt in umgekehrter Reihenfolge ihre beim Abstieg abgelegten Kleider und Juwelen wieder auf. Schließlich wird Ishtar bei ihrem Aufstieg in die Regionen des Lichts mit dem siebten Juwel gekrönt – mit der Krone des spirituellen Glanzes.

Der Abstieg in die Unterwelt ist kein automatischer Vorgang, sondern eine willentliche Entscheidung, die Reise als eine hohe Prüfung intellektueller und spiritueller Integrität zu unternehmen. Wenn der Kandidat siegt, gewinnt er die Vereinigung mit dem Göttlichen und überirdischen Segen; wenn er versagt, erwartet ihn Tod oder Wahnsinn. Es wäre dann weit besser gewesen, wenn er diese Prüfungen nie gewagt hätte, denn sie sind in der Tat schrecklich. Aber es ist nicht alles verloren, denn in einem künftigen Leben kann er es erneut versuchen.

Wenn der Aspirant durch Enthaltsamkeit, völlige Hingabe, Disziplin und Schulung dem Gold im Feuer gleich wird, wird er die niederen Welten schnell und sicher durchschreiten. Mit der Flamme der Spiritualität, die im Inneren brennt, steigt der erfolgreiche Kandidat in höhere Sphären auf, wo er in vollem Bewusstsein von einem Planeten zum nächsten übergeht. Nachdem er die allerletzte Prüfung bestanden hat, kehrt der Schüler, jetzt zu einem Meister geworden, zur Erde und zu seinem in Trance liegenden Körper zurück.

Der Hüter der Initiationskammer, der mit Geduld und liebevoller Fürsorge über den Körper seines Schülers gewacht hatte, ist von Freude erfüllt: Die Initiation ist vollbracht.

# Kapitel 10

## Die Schließung der Mysterienschulen

Vor fünfzehn Jahrhunderten erklang die Totenglocke der westlichen Mysterien, als Kaiser Theodosius II. das Heidentum aus dem Römischen Reich verbannte, zu dem damals auch Thrakien, Mazedonien, Kreta, Syrien und Ägypten gehörten. Der Todesstoß kam weniger als ein Jahrhundert später, im Jahr 529 n. Chr., als Kaiser Justinian die letzte philosophische Schule in Athen – die von Plato gegründete Akademie – schloss. Abgesehen von der Unterdrückung von allem, was nicht christlich war, war vieles, was einst in den Mysterien für schön und heilig erachtet worden war – der heilige Ritus der Vereinigung der strebenden Seele mit dem höheren Selbst –, zu degenerierten Orgien geworden.

In der Geschichte des Okkultismus in der Vergangenheit oder der Gegenwart kann niemals behauptet werden, dass die Mysterien – in ihrer Reinheit und spirituellen

Integrität – der persönlichen oder emotionalen Natur Nahrung liefern. Gerade wegen der Befreiung der Seele von Begrenzungen, wegen der Reinigung des Herzens und der Schulung des Denkvermögens ist die Schulung der Mysterien so streng, denn in der Initiation kann nur spirituelle Stärke, nur diamantene Seelengröße, der Feuerprobe standhalten.

Geburt, Wachstum, Reife und Alter sind die unvermeidlichen Prozesse der Natur in all ihren Bereichen. Eine Mysterienschule muss den *degenerierten* Alterungsprozess ebenso wenig durchmachen, wie ein Mensch in seinen letzten Jahren von Schwäche gekennzeichnet sein muss. Aber wie bei uns werden die Samen der Degeneration und des Ehrgeizes allzu oft am Höhepunkt des materiellen Erfolgs gesät. Ebenso schlagen in einem echten Mysterienzentrum die giftigen Samen inneren Verfalls Wurzeln und wachsen, wenn den aus spirituellem Wachstum entstehenden Herausforderungen nicht – im Vergleich zu den Tagen des Noviziats – mit immer größerer Enthaltsamkeit des Herzens begegnet wird. Schwäche ersetzt die Ruhe und die Schule verfällt. Der Geist der Bruderschaft zieht sich zurück, die Schale des Rituals bleibt.

Der wahre Grund für die Schließung der Mysterienschulen ist deshalb die *innere Treulosigkeit* der Hüter des Tempels. Niemals würde das Licht verlöschen, wenn die Hierophanten den zeitlosen Prinzipien der Schule gegenüber loyal blieben, denn die Bruderschaft hält mit Adleraugen nach jedem Licht Ausschau; und wenn der Ruf stark und das Flehen nach Wahrheit kraftvoll ist, bleiben die Mysterien rein und wahr.

> Wenn die menschliche Rasse oder irgendeiner ihrer Zweige oder auch nur ein Einzelner den spirituellen und intellektuellen Ruf so stark zum Ausdruck bringt, voller vibrierender spiritueller Energie, mit jeder Faser des inneren Lebens sozusagen, arbeitet sie tatsächlich mit dem spirituellen Magnetismus eines Lehrers, und der Ruf wird in der Großen Bruderschaft ausnahmslos gehört; und ein Abgesandter oder ein Bote erscheint in der Welt als ihr Repräsentant. Die Mysterien degenerierten immer deshalb, weil die Menschen bei der Suche nach sich selbst mehr und mehr in Selbstsucht und in die egoistischen Wege der materiellen Welt verstrickt wurden und die innere Berührung, das innere Bewusstsein der Vereinigung mit den oben erwähnten spirituellen Kräften verloren. – *ET* II:1053

Es gibt zwei Pfade im Okkultismus: den Pfad der rechten Hand mit weißer Magie und spirituellem Fortschritt; und den Pfad der linken Hand von schwarzer Magie und spirituellem Rückschritt. Es existiert kein dritter Pfad des Stillstands oder der Ruhe. Wenn ein Mensch nicht vorwärts geht, dann bleibt er zurück. Der Strom des evolutionären Fortschritts ist vorwärts gerichtet, dem Licht des Geistes und der Wahrheit entgegen. Wenn ein Mensch diesen Pfad nicht betritt, fällt er am Straßenrand; die Karawane zieht weiter, der Zauderer bleibt zurück.

Je weiter man auf dem Pfad der esoterischen Schulung vorankommt, umso schärfer ist die Trennlinie zwischen den beiden Pfaden; und doch werden gerade wegen der reicheren Entwicklung des Schülers, wegen der feineren Sensibilität für das, was richtig und falsch ist, die ausgeloteten Tiefen umso größer und ebenso die erreichten Höhen. Die Mittellinie der Weisheit wird immer schwerer fassbar, wenn Fortschritt in spirituellen Dingen erzielt wird. Es sind nicht die groben Fallgruben früherer Leben, vor denen sich der Schüler hüten muss, sondern die feinen Spitzfindigkeiten von *Māra*, dem 'Versucher', der mit grausamen und heimtückischen Maßnahmen die Seele unnachgiebig versucht.

Ein östliches Sprichwort sagt, dass „die Magie der linken und jene der rechten Hand nur durch einen Spinnfaden getrennt sind" (*BCW* 14:106). Derjenige, der auf dem Pfad bleiben möchte, muss sich mit all seiner Kraft und all seinem Mut an den hauchdünnen Spinnfaden der Weisheit klammern.

Eine der wirksamsten Waffen der dunklen Mächte ist der Zweifel – Zweifel an sich selbst, an seinen Bestrebungen und der angeborenen Stärke. Zweifel ist eine natürliche Reaktion der Schülerschaft, aber ein höchst gefährlicher Zustand, solange er anhält. Wenn er nicht mit ernsthafter Entschlossenheit zum Weitermachen – gleichgültig, wie oft er strauchelt oder wie schwerwiegend der Fehler ist – in Schach gehalten wird, erlangt Selbstmitleid die Oberherrschaft und das Tor für eine größere Gefahr wird geöffnet: der Zweifel am Lehrer, der Zweifel an der Schule, der Zweifel an der Bruderschaft. Hier blüht der tödliche Samen innerer Unordnung, die – wenn sie nicht aus dem Herzen ausgerissen wird – zum Unkraut der Treulosigkeit heranwachsen wird.

Schrecklich sind die Prüfungen eines Aspiranten für Chelaschaft, und ernsthaft sind die Warnungen für die Übereifrigen. Wie KH 1881 an A. P. Sinnett schrieb:

> *Diejenigen, die sich mit den okkulten Wissenschaften beschäftigen* ... „müssen entweder das Ziel erreichen oder zugrunde gehen. Wenn jemand einmal den Pfad zum großen Wissen eingeschlagen hat, dann heißt zweifeln den Wahnsinn riskieren; an einen toten Punkt gelangen, heißt fallen; zurückweichen, heißt rückwärts stürzen, kopfüber in einen Abgrund."
>
> – *ML*, viii, S. 31

Es gibt drei Ergebnisse der Initiation: (a) Erfolg; (b) Misserfolg, der den Tod bedeutet; (c) teilweisen Misserfolg, was gewöhnlich Wahnsinn bedeutet (siehe *FEP*, S. 292). Aus diesem Grund werden Möchte-gern-Chelas wiederholt davor gewarnt, sich übereilt in den Okkultismus zu stürzen. Es ist weit sicherer, als ernsthafte und aufrichtige Schüler für größeres Wissen in den äußeren Höfen des

Tempels der Weisheit zu verweilen – als Lernende, welche die uralten Regeln des Heiligtums auszuüben bemüht sind: Loyalität, Pflicht und selbstlose Treue gegenüber der Sache der Menschheit. Wenn sie durch die Mühsal und das Herzeleid der menschlichen Existenz hindurch beherzigt und befolgt werden, wird die Zeit unvermeidlich kommen, in der Hilfe hervorkommen wird und der Aspirant wissen wird, dass er 'angenommen' wurde. Bis dahin ist es weiser, ein edles Leben in der von Karma verfügten Situation zu leben.

Unkluge Begeisterung für spirituelle Schulung ist jedoch nicht halb so gefährlich wie persönliches Verlangen nach okkultem Training nur zum eigenen Vorteil. Es war der anmaßende Ansturm auf okkulte Kräfte, der das Fundament für den Niedergang der Mysterienschulen in den frühen Jahrhunderten unserer Ära bildete. Im Laufe von hunderten von Jahren hatten die Mysterien langsam ihre Heiligkeit verloren: Zu viele waren nicht wegen ihrer inneren Entwicklung in die unteren Grade aufgenommen worden, sondern aus weltlichen Gründen. Die Riten wurden zu oberflächlichem Dienst, und die Erkenntnis innerer Werte nahm ab. Dogma, Ritual und die Priesterschaft nahmen zu, und der Geist der Wahrheit und der Esoterik nahm ab. Die Wenigen – wirklich viel zu wenige –, die treu zu ihrem heiligen Eid standen, flohen aus der Umgebung der Mysterien, die in späteren römischen Zeiten so degeneriert waren, dass sie tatsächlich diejenigen aus ihren

Kammern verstießen, deren Herzen nur nach echter Esoterik suchten.

Das Licht wurde zurückgezogen, aber die Bruderschaft arbeitet so mitleidsvoll, dass die Wahrheiten in Symbol und Stein erhalten blieben, in Allegorie und Mythos. Wie H. P. Blavatsky in Bezug auf Ägypten schreibt:

> Seine heiligen Schreiber und Hierophanten wurden zu Wanderern auf dem Erdenrund. Diejenigen, die in Ägypten blieben, fühlten sich aus Angst vor einer Verweltlichung der heiligen Mysterien verpflichtet, in Wüsten und Gebirgen Zuflucht zu suchen, um heilige Gesellschaften und Bruderschaften zu bilden und zu errichten – wie die Essener; diejenigen, welche die Meere nach Indien und sogar in die (heute so genannte) Neue Welt überquert hatten, banden sich durch feierlichen Eid, Stillschweigen zu bewahren und ihr Heiliges Wissen und ihre Heilige Wissenschaft geheim zu halten; so wurden sie tiefer denn je vor dem menschlichen Blick verborgen. In Zentralasien, in den nördlichen Nachbarländern Indiens, fegte das triumphierende Schwert von Aristoteles Schülern auf seinem Pfad jegliche Spur einer einstmals reinen Religion hinweg: Und ihre Adepten zogen sich weiter und weiter von jenem Pfad in die verborgensten Winkel des Globus zurück.
>
> – *BCW* 14 : 294

So wird das Werk der Brüder des Schattens periodisch ausgeführt, die Zerstörung der *Vorposten* der Mysterien, während der Kern und das Herz, die Bruderschaft des Lichts, unversehrt bleiben. Niemals wird die Hand der Finsternis Macht über das Herz der Esoterik gewinnen, das heute so stark schlägt wie vor etwa 18 Millionen Jahren und das in unverminderter Kraft bis zum Tod unseres Sonnensystems weiter pulsieren wird – und darüber hinaus. Das Licht der Wahrheit ist das Licht der spirituellen Sonne unseres Universums. Solange ihre Strahlen auf die Welt der Erde herunter leuchten, so lange werden die spirituellen Strahlen die menschlichen Herzen erwärmen. In den bewegenden Worten von KH an A. O. Hume:

> Habe keine Angst; ... unser Wissen wird nicht aus dem Gesichtskreis der Menschen entschwinden. Es ist 'das Geschenk der Götter' und das kostbarste Relikt, das existiert. Die Hüter des geheiligten Lichtes haben nicht so viele Zeitalter unversehrt durchkreuzt, um sich nun an den Klippen des modernen Skeptizismus scheitern zu sehen. Unsere Steuermänner sind zu erfahrene Seeleute, als dass wir eine solche Katastrophe befürchten müssten. Wir werden immer Freiwillige finden, um die ermüdeten Wachposten zu ersetzen, und die Welt, so schlecht sie auch in ihrem jetzigen Zustand einer Übergangsperiode ist, kann uns doch dann und wann mit einigen Menschen versorgen.
>
> – *ML*, Brief xxviii, S. 215

# Kapitel 11

## Die Linie der okkulten Nachfolge

Die Griechen wendeten geschickt die Sprache der Bilder an, um tiefe esoterische Wahrheiten zu vermitteln, oft unter Verwendung des Sports; beispielsweise gaben sie den Wettbewerben im Stadion eine innere Bedeutung. Eines der bekanntesten Beispiele dafür war ihre Darstellung der mystischen Linie der Nachfolge großer Lehrer durch den Lauf des Fackelträgers.

> Beim Fackellauf liefen Fackelträger von Posten zu Posten. Wenn einer das Ende seiner Etappe erreicht hatte, brachte er die brennende Fackel dem dort Wartenden und händigte sie ihm aus, dieser setzte den Lauf sogleich fort und übergab seinerseits die Fackel dem auf ihn Wartenden. Dieser Lauf in der Arena oder im Stadion wurde von vielen griechischen und lateinischen Schriftstellern als ein Symbol für das Weiterreichen des Lichts von Zeitalter zu Zeitalter betrachtet und als ein Hinweis auf die spirituellen Fackelträger, die über endlose Zeiten die Fackel der Wahrheit von Hand zu Hand weiterreichen. – *ET* II:1071

Diese Weitergabe des Lichts der Wahrheit „über endlose Zeiten“ bildete das Thema vieler Parabeln der

Mysterien. Die Griechen bezogen sich auch mit der Goldenen Kette des Hermes auf diese spirituelle Nachfolge, von der sie glaubten, sie würde sich bis weit in die Reiche des Olymp erstrecken, von „Vater Zeus über eine Reihe oder Linie spiritueller Wesen abwärts, dann über bestimmte auserwählte und hochherzige Menschen bis hin zu den gewöhnlichen Menschen“ (*ET* II:1070-1).

Purucker beschrieb diese mystische Nachfolge als die *Guruparamparā*. Das ist ein zusammengesetztes Sanskritwort, das buchstäblich „Lehrer jenseits des Jenseitigen“ bedeutet. Der Begriff bedeutet eine Linie von Lehrern, die über das Jenseitige des Jenseitigen hinausreichen – durch die Vergangenheit, die Gegenwart und in die ferne Zukunft, deren edle Absicht immer dieselbe ist: das Werk der Spiritualisierung.

> Die alten Mysterienschulen sämtlicher Länder des Globus und jeder Epoche weisen alle eine Aufeinanderfolge von Lehrern auf, die geschult und durch ihre Schulung bevollmächtigt waren, ihrerseits zu lehren. Solange nun in einem beliebigen Land diese Weitergabe des Lichts der Wahrheit tatsächlich stattfand, war sie in jedem Sinne eine wahrhaft spirituelle Institution.
>
> – *ET* II:1071

Ein herausragendes Beispiel für diese alte Übermittlung ist die Aufeinanderfolge von „lebendigen Buddhas“ in Tibet, die „zwar tatsächlich existiert, aber von besonderer

Art ist. Keinesfalls ist sie jedoch das, wofür abendländische Gelehrte sie irrtümlicherweise halten oder als was sie sie häufig missverstanden haben“ (*ET* II:1071).

Weiter wurden in den eleusinischen Mysterien der Griechen

> die Hierophanten von der Familie der Eumolpidä gestellt, die in Athen lebte. Eine andere Familie, die ebenfalls in Athen wohnenden Lycomidä, stellten die Fackelträger. Und wir haben Grund anzunehmen, dass die Mysterien von Samothrake, welche der Sitz eines älteren Ritus und – ebenso wie die Mysterien von Eleusis – eine staatliche Einrichtung waren, in derselben Weise daran festhielten, die heilig gehaltenen Traditionen weiterzugeben, jedoch nicht an Außenstehende. Das vereinigende Band zwischen den Initiierten dieser sogenannten Mysterien wurde als unlösbar, eine Auflösung als unmöglich betrachtet, denn der Tod stärkte dieses Band lediglich.
>
> – *FEP*, S. 287

In Persien, wie auch in Ägypten, finden wir diese Linie der Nachfolge in einer anderen Form manifestiert. Es gab zum Beispiel die dreizehn oder mehr Zoroaster, deren esoterischer Beitrag zur Geschichte Persiens die Inspiration dieser einst mächtigen Zivilisation war:

> Die Zahl von Zoroastern, die von Zeit zu Zeit erschienen, ist verwirrend, solange wir annehmen – fälschlicher-

weise –, dass diese Zoroaster Wiederverkörperungen eines einzigen Egos gewesen seien statt verschiedener Egos, die das verkörperten, was wir nach den okkulten Aufzeichnungen als den 'Zoroaster-Geist' interpretieren können. Die Wahrheit in dieser Angelegenheit ist folgende: In dem Schema und der Terminologie des Zoroastertums hat jede Wurzelrasse, Unterrasse und noch kleinere Rasse ihren eigenen Zoroaster oder ihre Zoroaster. Der Ausdruck Zoroaster bedeutet im Zoroastertum soviel wie der Ausdruck Buddha im Buddhismus oder Avatāra im Brahmanismus. Darum gab es große Zoroaster und geringere Zoroaster – das qualifizierende Adjektiv hängt von dem Werk ab, das jeder Zoroaster vollbrachte, und von der Sphäre, in der er wirkte. Aus diesem Grund können wir, von einem bestimmten Standpunkt aus betachtet, von dreizehn Zoroastern sprechen und von einem anderen Standpunkt aus von vierzehn; oder wir können jeden von ihnen, wie die Manus im Brahmanismus oder die Buddhas im Buddhismus, mit sieben oder sogar vierzehn multiplizieren, wenn wir jede kleine Zweigrasse mit ihrem leitenden Zoroaster-Geist einbeziehen. – *SOP*, S. 636

In Ägypten ragt Hermes Trismegistus („Hermes der dreimal Große") aus der langen hermetischen Reihe heraus; seine Schriften und Lehren gründeten auf der alten Mysterienlehre. Ebenso finden wir in Griechenland die orphischen Mysterien, aus deren Hallen der esoterischen Schulung viele hervorgingen, die den Namen Orpheus trugen.

Was trieb diese Schüler dazu, die Namen ihrer Lehrer anzunehmen? Warum unterzeichneten sie ihr Werk oder gaben ihre mündlichen Unterweisungen im Namen von Orpheus, Hermes oder Zoroaster? War es eine Art spirituelles Plagiat oder war es eher wegen einer unwiderstehlichen Dankbarkeit gegenüber dem Lehrer, der ihnen ALLES gegeben hatte, der die Flamme des esoterischen Feuers in ihren Herzen entzündet hatte? Sicherlich Letzteres, denn welche Botschaft der Inspiration und des Lichtes sie auch immer hatten – sie erachteten sie nicht als ihre, sondern als die „dessen, der mich sandte": „Wie wir es empfangen haben, so geben wir es weiter." Diese Praxis ist schmerzlich für die späteren Historiker, die immer darum kämpfen, die Dinge mit korrekten Etiketten zu versehen; und doch kann man nicht anders, als diese alten Schüler für ihre Seelentreue zu lieben, die jeden Gedanken an *individuelle* Größe vertreibt.

Die Beziehung zwischen Schüler und Lehrer ist ein sehr heiliges Band spiritueller Intimität. Dankbarkeit entspringt in dem Schüler im Einklang mit Seelengröße: Die Kleinherzigen empfinden nur Unmut, wenn Führung und Schutz angeboten werden; aber die Großherzigen brennen mit der Flamme der liebenden und unauslöschlichen Dankbarkeit. Die Glieder in dieser Goldenen Kette des Hermes sind durch Dankbarkeit verbunden; so wie jedes Kettenglied mit seinem Bruder-Kettenglied verknüpft ist, Herz mit Herz, Lehrer mit Schüler, Schüler mit Lehrer –

jeder Lehrer ein Schüler des oberhalb von ihm Stehenden, jeder Schüler ein Lehrer für den darunter Stehenden – alle durch unzerbrechliche Kettenglieder der Liebe, Treue und Dankbarkeit gegenüber dem Lehrer, der Bruderschaft, der eosterischen Weisheit verbunden:

> Signalfeuern der alten Zeiten gleich, welche – der Reihe nach von Hügelspitze zu Hügelspitze entzündet und ausgelöscht – einem ganzen Land die Intelligenz überbrachten, sehen wir, wie eine lange Reihe 'weiser' Menschen vom Beginn der Geschichte an bis in unsere Zeiten das Wort der Weisheit ihren direkten Nachfolgern übermittelt. Von Seher zu Seher weitergegeben, leuchtet das 'Wort' wie ein Blitz auf, und während es den Initiator dem Blick der Menschen für immer entführt, rückt es den neuen Initianden ins Blickfeld. – *Isis* II:571

Diese „lange Reihe 'weiser' Menschen" wurde seit der Mitte der dritten Wurzelrasse auf zwei Arten ungebrochen erhalten: (a) die tatsächliche Reinkarnation von Adepten und (b) die Geburt des Initiierten aus dem Schüler. Auf diese Weise belebt die Bruderschaft ihre Mitglieder durch die erneute Wiedergeburt von Hierophanten und die 'zweite Geburt' von neuen Anwärtern aus den Reihen der Mysterienkammern (siehe *ET* II:1070). Die 'Weitergabe des Worts' war der abschließende Ritus der Sonneninitiation: Ohne ihn konnte keine Übermittlung der okkulten Autorität vom Initiator auf den Schüler ausgeführt werden.

Die Reihe der esoterischen Autorität und Weisheit baut sich daher in einer fortlaufenden, gradweisen Ordnung von der Schülerschaft bis zu den Adepten auf; von den Adepten zu höheren Mahatmas; von den höheren Mahatmas zu Buddhas; von den Buddhas zu Dhyāni-Buddhas; von den Dhyāni-Buddhas zur sprituellen Leitung und dem spirituellen Schutz des Planetengeistes auf Erden; vom Planetengeist der Erde zum Herzen der Sonne. Wahrlich eine Reihe von strahlender Herrlichkeit, der den einfachsten Schüler der Weisheit mit dem solaren Logos verbindet.

# Kapitel 12

## Die Mysterienschulen von heute

Niemals lässt die Bruderschaft der Grossen die Menschheit im Stich. Der Pulsschlag des ewigen Herzens des Mitleids durchdringt alles. Das Zurückziehen der Mysterienschulen aus dem Bewusstsein der Öffentlichkeit bedeutet keinesfalls, dass die immerwährende Unterstützung durch die Mahatmas zurückgezogen wurde. Auch heute finden sich überall auf der Welt Mysterienzentren, wie H. P. Blavatsky schreibt, denn „die Geheime Verbindung ist immer noch lebendig und so aktiv wie eh und je" (*Isis*, II:100). Mit peinlicher Sorgfalt von ihren Beschützern behütet, ist die genaue Lage dieser Schulen nicht zu entdecken, außer von den Würdigen; dennoch ist ein geheimnisvoller Schleier nicht gleichbedeutend mit einem Synonym für die Nicht-Existenz.

Wenn das Herz aufhört, Blut in den Kreislauf zu pumpen, wenn die Organe ihre lebenspendende Flüssigkeit aus dem Herzen nicht mehr erhalten – bleibt der physische Körper dann lebendig und funktionstüchtig? Genauso verhält es sich mit dem spirituellen Körper der Erde, dessen mystisches Herz Śambhala ist und aus dessen Herzkammern das esoterische Lebensblut der Bruderschaft in die organischen Zentren hervorfließt. Jedes Mysterienzentrum ist ein organischer Brennpunkt, jeder Mensch eine lebendige Zelle. Alle schulden dem zentralen Herzen spirituelle Treue. Ist die Schlussfolgerung logisch, dass das Herz vergebens schlägt? Ist es logisch daraus zu schließen, dass die Organe ohne das Herz funktionieren? Solche Schlussfolgerungen sind gegen die Vernunft und die Erfahrung.

Es gibt daher drei Arten der Verbreitung des esoterischen Lebensstromes:

(1) Durch die exoterischen und esoterischen Mysterien. Die exoterischen oder Kleineren Mysterien werden „gegenwärtig zum Großteil durch die verschiedenen Aktivitäten der theosophischen Bewegung repräsentiert, die selbst als eine Bewegung exoterisch ist" (*SOP*, S. 637). Die esoterischen oder Größeren Mysterien sind – durch die Last der Materie, welche das Bewusstsein der Welt blind macht – gegenwärtig wesentlich sorgfältiger gehütet. Bezeichnenderweise sind gerade wegen des anwachsenden Bedürfnisses nach Licht und Wahrheit „die esoterischen Gruppen der Mysterienschulen heute vielleicht zahlreicher, als sie es tausende Jahre lang waren, …" (ebenda).

Diese Tatsache ist von weitreichender Bedeutung für die Wahrheitsuchenden. Sobald die Kraft und Macht der alten Weisheit die Zitadelle des Herzens einnimmt, kann man nicht nur durch den Kontakt mit den exoterischen

Mysterien ernsthaften spirtuellen Auftrieb empfangen, sondern – noch wichtiger – man stellt sich in die direkte Linie der Inspiration aus den esoterischen Mysterien, den Wohnsitzen oder organischen Zentren der Bruderschaft.

(2) Durch organische Brennpunkte von nationaler Ausdehnung. Im Kreislauf der spirituellen Einflüsse befinden sich alle Länder in magnetischer und sympathischer Schwingung mit Śambhala. Jedes große Land hat seine esoterischen Zentren:

> So mag ein kleines Land wie die Niederlande das Zentrum einer geheimen Mysterienschule sein, deren Verzweigungen und Einfluss sich über halb Europa erstrecken könnten. … Und doch hat jede einzelne nationale Einheit des Globus ihre eigenen geheimen, spirituellen Beschützer, die als eine Körperschaft ein wahres esoterisches Zentrum bilden. Wir können sie die Okkulten Wächter eines Volkes nennen. So hat Britannien einen, Deutschland hat einen, ebenso Russland, gleichermaßen die Schweiz, Frankreich, Italien, Spanien, Portugal, China, Indien, Japan, die Vereinigten Staaten, Mexiko, Kanada, Brasilien usw., usw., usw.
>
> – EBENDA

Diese nationalen okkulten Wächter mischen sich nicht in politische Angelegenheiten ein; ihre Arbeit ist „rein spirituell, moralisch, intellektuell und gänzlich wohltätig und tatsächlich universal und ist den intuitiven Gemütern der verschiedenen Rassen eine stille Führung“ (ebenda, S. 638).

(3) Der dritte Kanal für esoterische Arbeit ist einer der faszinierendsten und doch am wenigsten erkannten: jener der Erhaltung des Wissens von Zeitalter zu Zeitalter.

> Es gibt tatsächlich Gruppen, deren einzige Aufgabe die Bildung von okkulten Initiationszentren ist, Vorbereitung von Schülern für die esoterische Arbeit in der Welt und für den Schutz der unbezahlbaren Schätze – das Erbe der Menschenrasse, sowohl intellektuelle als auch materielle Schätze. – *SOP*, S. 637

Weder vergeuden die Generationen von Sehern etwas, noch gehen die großen Philosophie- und Religionssysteme in der Dunkelheit der dahinschwindenden Zeitalter verloren. Alles, was von essenziellem spirituellem Wert ist, wird in den geheimen Archiven des Planeten aufbewahrt:

> Es gibt über die gesamte Welt verstreut eine Handvoll nachdenklicher und zurückgezogener Schüler, die ihr Leben fern von allem Weltenlärm in Verborgenheit zubringen, ganz dem Studium der großen Probleme der physischen und spirituellen Universen hingegeben. Sie haben ihre geheimen Aufzeichnungen, in denen die Früchte der Arbeit der Gelehrten der langen Reihe von Einsiedlern bewahrt sind, deren Nachfolger sie sind. Das Wissen ihrer frühen Vorfahren, der Weisen von Indien, Babylonien, Niniveh und dem königlichen Theben; die Legenden und Überlieferungen, die von Meistern wie

Solon, Pythagoras und Plato in den Marmorhallen zu Heliopolis und Saïs erläutert wurden; Traditionen, deren Wahrheiten bereits zu ihrer Zeit den dichten Schleier der Vergangenheit durchdringen zu schienen – alles dies und noch mehr ist auf unzerstörbarem Pergament aufgezeichnet und mit sorgfältiger Obhut von Adept zu Adept überliefert worden.

– *Isis*, I: 557-8

Eines Tages werden würdige Forscher die verlorenen Schlüssel entdecken, und Mysterium um Mysterium wird gelöst werden; Tempel werden ausgegraben werden; die Geheimnisse der Initiationskammern enthüllt werden; die okkulte Geschichte des Planeten und der Menschenrassen entfaltet werden. Wann? Zur festgesetzten Stunde, eine Stunde, die nicht nach Lust und Laune festgesetzt ist, sondern dann kommen wird, wenn das dritte Auge – jetzt „sehr sorgfältig verborgen und unerreichbar" – sich in einer esoterischen Geburt erneut öffnen wird.

Purucker zufolge hat das Oberhaupt dieser verborgenen Zentren seine Heimat in Śambhala, mit Zweigen in Syrien, Mexiko, Ägypten, den Vereinigten Staaten und Europa, von denen jeder „der Mutter-Gruppe der Okkulten Hierarchie in Śambhala unterstellt ist" (*SOP*, S. 637).

In den *Mahatma Briefen* wird von Meister M eine wunderbare Beschreibung von einem geheimen Zufluchtsort gegeben, wo sich sein Bruder und Freund KH für weitere Initiationen in die Stille begibt. Die Meister, wenngleich uns weit überlegen, sind immer noch Menschen – großartig menschlich, aber dennoch menschlich – und müssen weitere Prüfungen ablegen, aber solche Initiationen sind von überirdischem Charakter. Über die Prüfung seines Kollegen schreibt M:

> Zwei Tage danach, als seine [KHs] 'Klausur' beschlossen war, bat er mich beim Abschied: „Wirst du über mein Werk wachen, wirst du darauf achten, dass es nicht in Trümmer fällt?" Ich versprach es. Was würde ich ihm in dieser Stunde nicht versprochen haben! An einem bestimmten Platz, der Außenstehenden nicht genannt werden darf, befindet sich ein Abgrund, der von einer zerbrechlichen Brücke geflochtenen Grases überbrückt wird, darunter schäumt ein tobender Wildbach. Das mutigste Mitglied Ihrer Alpenvereine würde es kaum wagen, den Übergang zu versuchen, denn sie hängt wie ein Spinngewebe da und *scheint* morsch und unpassierbar zu sein. Aber sie ist es nicht; wer den Versuch wagt und Erfolg hat – was der Fall ist, wenn es richtig ist, dass er zugelassen wird –, kommt in eine Bergschlucht von unübertrefflicher landschaftlicher Schönheit – an einen *unserer* Orte und zu einigen *unserer* Leute, von dem europäische Geographen nichts wissen oder aufgezeichnet haben. Einen Steinwurf entfernt von der alten Lamaserie steht der alte Turm, in dessen Innerem Generationen von Bodhisattvas zur Reife gelangt sind. Dort ist es, wo ihr lebloser Freund jetzt ruht …
>
> – Brief xxix, S. 219

Dort, in diesem Heiligtum, sind „Generationen von Bodhisattvas zur Reife gelangt“, und eine ihrer esoterischen Aufgaben ist die Erleuchtung der Menschheit. Dieses starke Netzwerk okkulter Vitalität fließt in unaufhörlichem Rhythmus entlang der unsichtbaren Arterien und Venen des spirituellen Körpers unserer Erde durch all das Herzeleid und den Kummer der Welt. So tief ist das Mitleid der Bruderschaft, so unermüdlich ihre Arbeit, dass sie – solange nicht der Herzschlag auch des letzten Menschen in Harmonie mit dem Herzschlag der Großen Bruderschaft pulsiert – ihre Aufgabe nicht niederlegen wird.

# Quellen und Abkürzungen


Apuleius, *The Isis-Book* (*Metamorphoses Book XI*), Herausg. und Übers. J. Gwyn Griffiths, E. J. Brill, Leiden 1975.

—, *Metamorphoses, or The Golden Ass*, zitiert in Lewis Spence, *The Mysteries of Egypt*. Siehe auch *Transformation of Lucius Otherwise Known as The Golden Ass*, Übers. Robert Graves, Farrar, Straus & Giroux, New York, 1951.

*ML* Barker, A. Trevor, Herausg., *The Mahatma Letters to A. P. Sinnett*, 2. Ausgabe, T. Fisher Unwin, London, 1926; Faksimile-Ausgabe, Theosophical University Press, Pasadena, 1992.

*BCW* Blavatsky, H. P., *Collected Writings*, zusammengestellt von Boris de Zirkoff, 15 Bände, Theosophical Publishing House, Wheaton, Madras [Chennai], London, 1958-1991.

*Isis* —, *Isis Unveiled: A Master-Key to the Mysteries of Ancient and Modern Science and Theology*, 2 Bände, J. W. Bouton, New York; Bernard Quaritch, London, 1877; Neudruck Theosophical University Press, Pasadena, 1999.

*SD* —, *The Secret Doctrine: The Synthesis of Science, Religion, and Philosophy*, 2 Bände, The Theosophical Publishing Co., Ltd., London, New York, Madras, 1888; Faksimile-Ausgabe, The Theosophical University Press, Pasadena, 1999.

—, *The Theosophical Glossary*, The Theosophical Publishing Society, London, 1892; Faksimile-Ausgabe, Theosophy Company, Los Angeles, 1990.

—, *The Voice of the Silence*, The Theosophical Publishing Co., Ltd, London, New York, Madras 1889; wörtlicher Nachdruck, Theosophical University Press, Pasadena, 1994.

Durant, Will, *The Story of Civilization*, 1. Band, *Our Oriental Heritage*, Simon and Schuster, New York, 1935.

Eliade, Mircea, *A History of Religious Ideas*, 1. Band, *From the Stone Age to the Eleusinian Mysteries*, Übers. Willard R. Trask, Universiy of Chicago Press, Chicago, 1978.

Ginsburg, Christian D., D.D., T*he Kabbalah: Its Doctrines, Development and Literature*, George Routledge & Sons, London, 1925; Nachdruck mit *The Essenes: Their History and Doctrines*, Macmillan Company, New York, 1956.

Judge, William Q., *The Bhagavad-Gita combined with Essays on the Gita* (Recension); Theosophical University Press, Pasadena, 1969.

Kanta, Katherine G., *Eleusis: Myth, Mysteries, History, Museum*, Übers. W. W. Phelps, The National Museum, Athens, 1979.

Kerényi, Carl, *Eleusis: Archetypal Image of Mother and Daughter*, Übers. Ralph Manheim, Bollingen Series LXV · 4, Pantheon Books, New York, 1967.

Meyer, Marvin W., Herausg., *The Ancient Mysteries: A Sourcebook, Sacred Texts of the Mystery Religions of the Ancient Mediterranean World*, Harper & Row, San Francisco, 1987.

Mylonas, George E., *Eleusis and the Eleusinian Mysteries*, Princeton University Press, Princeton, 1961.

*The Mysteries: Papers from the Eranos Yearbooks*, Bollingen Series XXX · 2, Pantheon Books, New York, 1955.

Oliver, George, D.D., *The History of Initiation*, Macoy Publishing and Masonic Supply Co., New York, 1923.

*Pert Em Hru* (Egyptian *Book of the Dead*), versch. Ausg.

*ET* Purucker, G. de, *The Esoteric Tradition*, 2. Auflage, Theosophical University Press, Point Loma, 1940, Neudruck, Pasadena, 1973.

*FEP* —, *Fundamentals of the Esoteric Philosophy*, 2. und überarbeitete Auflage, Theosophical University Press, Pasadena, 1979.

*SOP* —, *Studies in Occult Philosophy*, Theosophical University Press, Covina, 1945; Neudruck, Pasadena, 1973.

Spence, Lewis, *The Mysteries of Egypt, or The Secret Rites and Traditions of the Nile*, Rider & Co., London, [1933].

*Sūrya-Siddhānta: A Text-Book of Hindu Astronomy*, Übers. Rev. Ebenezer Burgess (und W. D. Whitney), American Oriental Society, New Haven, 1860; Neudruck, Wizards Bookshelf, San Diego, 1978.

Theon of Smyrna, *Mathematics Useful for Understanding Plato*, Übers. Robert und Deborah Lawlor, Wizards Bookshelf, San Diego, 1979.

*The Vishnu Purāna*, Übers. H. H. Wilson, Herausg. Fitz-Edward Hall, 5 Bände plus Index, Trübner & Co., London, 1864-77.

# Index